Who Am I
나는 누구인가
쉽게 읽는 한글판 자랑스런 나의 뿌리

파평 윤씨 이야기
坡平尹氏
上

화보(畵報)

▲ 文肅公 尹瓘 將軍 : 高麗名將(문숙공 윤관 장군)
1040(靖宗6) ~ 1111년(睿宗6)

화보(畵報)

▲ 龍淵 全景(용연 전경)

· 소재 : 경기도 파주시 파평면 눌로리
시조 태사공(始祖 太師公)께서 탄강하신 성지(聖地)

◀ 坡平尹氏 龍淵碑(파평윤씨 용연비)
6·25때 포탄을 맞은 흔적은 동족상잔의 비극을 말해주고 있다.

화보(畵報)

▲ 始祖 太師公 諱 莘達 墓(시조 태사공 휘 신달 묘)

· 소재 : 경북 포항시 북구 기계면 봉계리
 시조 태사공께서 973년(고려 光宗24,癸酉)에 서거하시어 이곳에 안장하였는데 중간에 실전 하였다가 1737년(영조13, 丁巳)에 본도영장 봉정공(本道營將 鳳廷公)의 주선으로 심증은 얻었으나 정확하지 못하다고 하였고 그 후 1739년(英祖15, 己未)에 본도감사공(本道監司公) 양래(陽來, 시호 翼獻)가 확실한 증거를 얻어서 비로소 1740년(英祖16, 庚申)에 묘표(墓表)를 세우고 다시금 수호하게 되었으니 백만 후손의 광영이 아닐 수 없다.

◀ 始祖 太師公 舊 神道碑
　(시조 태사공 구 신도비)

파평(坡平)윤(尹)씨이야기 • 5

화보(畵報)

▲ 文肅公 墓域 全景(문숙공 묘역 전경)
소재 : 경기도 파주시 광탄면 분수리 여충사내(국가사적 제323호)
문숙공 윤관장군의 묘소와 사당(祠堂) 그리고 전마총(戰馬塚) 및 교자총(轎子塚)이 있는 성역(聖域)

▲ 麗忠祠 全景(여충사 전경)

화보(畵報)

▲ 尹瓘 大元帥 事蹟碑(윤관장군대원수 사적비)

▲ 文肅公 戰馬塚·轎子塚(문숙공 전마총·교자총)
· 소재 : 문숙공 묘역내

화보(畫報)

▲ 의사 윤봉길 묘
소재 : 서울시 용산구 효창동 효창공원

▲ 忠義祠(충의사)   · 소재 : 충남 예산군 덕산면 시량리
매헌 윤봉길 의사 존영 봉안(尊影 奉安)
1968년 국가에서 건립, 1972년 사적 제229호로 지정

화보(畫報)

宗訓

崇祖敬宗
忠孝傳家
宗親敦睦

▲ 파평윤씨 종훈(坡平尹氏 宗訓)

화보(畵報)

● 문숙공 친필(文肅公 親筆)

친필내용

奉關外久竊이라 天恩이 罔極하여 其中에 行過使命之與라. 瓘有 素者하여 或爲之陞堂하여 設酌以榮之하니 亦一天恩也어늘 今適令 監이 與潤卿으로 同來하니 分義不比他人이라. 明日에 待潤卿到는 明明准疑라. 設小酌하여 以慰臨年之老라하니 明明毋負로다. 厚望 也切切敬白·瓘

역문(譯文)

관외에서 명을 받은 후로는 오랫동안 적조하였소. 천은이 망극 해서 그 중에서도 사명을 다 했소이다. 나에게 성심있는자가 있어 간혹 승당시처럼 주연을 베풀어 영화롭게하니 이 또한 천은이거 늘 이제 마침 영감(令監)이 윤경(潤卿)과 더불어 오신다니 분에 넘치는 구려. 명일에 윤경과 같이 오신다 함은 틀림없이 나의 벗 이 되려하나 주연을 베풀어 나이 많은 늙은이를 위로한다 함은 분명히 나를 아주 저버리지는 아니함이로다. 거듭 바라는 바 매우 간절하오.

경백(敬白) 관(瓘)

▲ 5世 文肅公 諱 瓘 親筆(문숙공 관 친필)

화보(畵報)

|머리말|

《 파평(坡平)윤(尹)씨 이야기 》

우리 한민족(韓民族)은 세계 어느 나라 어느 민족(民族)과도 비교되는 남다름을 담고 있는 민족이니, 그것은 유구한 역사와 시간 속에서도 한결같이 이어져온 하나의 혈맥(血脈)에서 나오는 자기 정체성과 일체감이 아닐까 합니다.

우리들이 더욱 화목(和睦)하고 단합(團合)하여 국가(國家)와 민족(民族)에 봉사하는 것이야말로 우리들이 이 《 파평 윤씨 이야기 》를 발간하는 참뜻이라 할 것입니다.

그런 의미에서 본 서책은 파평 윤씨에 관해 체계적으로 정리 한 것으로 족인의식(族人意識)을 자각하고 일족(一族)의 친목(親睦)을 도모하며 조상(祖上)의 뛰어난 행적을 널리 알리고자 하는 목적으로 시대적 요구에 부응하는 가장 적합한 서책이라 할 것입니다.

조상의 행적의 공(功)과 덕(德)이 많음에도 알지 못하면 부지(不知)의 소치이며, 그 공덕(功德)을 알면서도 전(傳)하지 아니하면 불인(不仁)의 소치라 하였습니다.

급변하는 세상을 하루하루 바쁘게 살아오는 동안 오늘날 우리는 너나 할 것 없이 부지불인(不知不仁)을 면하지 못하고 있음을 생각하며 늘 안타까운 마음을 갖고 있던 차에 이렇게 우리의 역사를 성씨별로 읽기 쉽게 정리한 보첩이 발간되어 세상에 나오니 반가운 마음을 금할 수 없습니다.

특히 요즈음 자라나는 새 세대들은 세계사(世界史)나 외국 위인(偉人)에 대해서는 잘 알면서도 자기(自己)의 가계(家系)나 조상(祖上)들이 이루어 놓은 유사(遺事)에 관하여는 소홀히 하는 경향이 있는데, 이러한 시대적 상황에 처하여 온고지신(溫故知新)의 윤리도덕(倫理道德)으로 새로운 미풍양

머리말

속(美風良俗)을 승화 발전시켜야 할 책무(責務)가 우리 세대에 요청받고 있으니, 다음 젊은 세대(世代)에게 올바른 윤리도덕(倫理道德)과 씨족(氏族)의 중요성을 일깨워야할 소명(召命)이며 의무(義務)가 아닐 수 없겠습니다.

지금까지의 대부분의 문중 사료와 보첩들은 우리 후손들에게는 너무 어려워서 가까이 하지 못한 점이 늘 안타까웠기에 본 《파평 윤씨 이야기》는 남녀노소 모두에게 이해하기 수월하게 구성하여 묶어 내었습니다.

이로써 생활 속에서 보다 가깝고 친근하게 조상(祖上)과 뿌리를 알게 하고 기본적인 예절을 알게 되는 계기가 될 것이라 기대합니다.

그동안 이 보첩의 발간을 위하여 지원하고 노력하여주신 여러분들에게 진심으로 감사를 드리며, 우리민족의 위대한 발전과 도약을 기원합니다.

2014. 9. 21.

성씨이야기편찬실

|차 례|

【卷之上】

- 머리말 / 13
- 차　례 / 15
- 일러두기 / 22

■ 화보(畵報) ··· 3

■ 유적보감(遺蹟寶鑑)

파평윤씨 16파계도(坡平尹氏 16派系圖) ························· 24
1. 始祖 太師公 莘達(시조 태사공 휘 신달) ······················ 25
2. 文肅公 尹瓘將軍(문숙공 윤관장군) ···························· 31
3. 咸安派(함안파) ·· 40
4. 南原派(남원파) ·· 42
5. 德山君派(덕산군파) ··· 50
6. 文定公派(문정공파) ··· 53
7. 新寧君派(신령군파) ··· 57
8. 大言公派(대언공파) ··· 60
9. 奉祿君派(봉록군파) ··· 73
10. 判書公派(판서공파) ··· 75
11. 野城君派(야성군파) ··· 77
12. 典儀公派(전의공파) ··· 79
13. 昭靖公派(소정공파) ··· 81
14. 原平君派(원평군파) ··· 119

차 례

15. 昭度公派(소도공파) ··· 122
16. 版圖公派(판도공파 = 文忠公派) ····························· 123
17. 小府公派(소부공파) ··· 144
18. 太尉公派(태위공파) ··· 151
19. 梅軒 尹奉吉 義士(매헌 윤봉길 의사) ····················· 167

▌종사보감(宗史寶鑑)

第 一 章 파평 윤씨 총람(坡平 尹氏 總覽) ············· 185
第 一 節 파평 윤씨의 연원(坡平 尹氏의 淵源) ········· 185
 1. 윤 성(尹 姓) ··· 185
  (1) "윤"성의 내력("尹"姓의 來歷)
  (2) "윤" 자("尹"字)의 뜻
 2. 관향 연혁록(貫鄕 沿革錄) ···································· 188
  (1) 윤씨 분관의 개관(尹氏 分貫의 槪觀)
  (2) 관향 파평의 연혁(貫鄕 坡平의 沿革)
  (3) 윤씨 분관표(尹氏 分貫表)
  (4) 파평윤씨 세덕고(坡平尹氏 世德考)
第 二 節 시조 탄강사(始祖 誕降史) ························· 201
第 三 節 파평 윤씨의 분파(坡平 尹氏의 分派) ········· 203
 1. 분파과정(分派過程) ·· 203
 2. 대소문중(大小門中) ·· 205
  (1) 정정공파 교하문중(貞靖公派 交河門中)
  (2) 노성문중(魯城門中)
  (3) 중화문중 전의공파(中和門中 典儀公派)
  (4) 야성군파(野城君派)
 3. 전국의 주요 세거지(世居地)의 유래(由來) ········· 214
  (1) 서울   (3) 경기도
  (2) 인천   (4) 강원도

(5) 충청남도   (6) 충청북도

【卷之下】

(6) 충청북도   (11) 경상남도
(7) 전라북도   (12) 부산
(8) 전라남도   (13) 제주도
(9) 광주시   (14) 이북
(10) 경상북도

4. 집성촌(集姓村)·· 246
5. 족보(族譜) - 대동보(大同譜)······································ 249
   (1) 대동보(大同譜)의 의미와 역사
   (2) 파평 윤씨 대동보의 역사(坡平 尹氏 大同譜의 歷史)
     * 역대 대동보 간행 일람표
   (3) 기해대보 서문(己亥大譜 序文)
   (4) 을유보 발문(乙酉譜 跋文)
   (5) 갑술대보 발문(甲戌大譜 跋文)
   (6) 임술대보 서문(壬戌大譜 序文)
   (7) 병오대보 발문(丙午大譜 跋文)
   (8) 계미대보 서문(癸未大譜 叙文)
   (9) 경인대보 서문(庚寅大譜 序文)
   (10) 경신대보 서문(庚申大譜 序文)
6. 파평윤씨가 삼가야 하는 말과 사물······························· 262
   (1) 잉어와 거북에 얽힌 전설
   (2) 개(犬)에 대한 전설
   (3) 坡平尹氏 二世 功臣公(諱 : 先之)
   (4) 坡平尹氏 三世(諱 : 金剛)

第 二 章 파평윤씨 세계와 분파(坡平尹氏 世系와 分派)···· 264
第 一 節 파평윤씨 파계도(坡平尹氏 派系圖)················ 265
   1. 파평윤씨 세계분파도(坡平尹氏 世系分派圖)·············· 266

차 례

第 二 節 항렬표(行列表) · 303

1. 각파 항렬 일람표(各派 行列 一覽表)
2. 함안파 항렬표(咸安派 行列表)
3. 남원파 항렬표(南原派 行列表)
4. 덕산군파 항렬표(德山君派 行列表)
5. 문정공파 항렬표(文定公派 行列表)
6. 신령군파 항렬표(新寧君派 行列表)
7. 대언공파 항렬표(代言公派 行列表)
8. 양주파 항렬표(楊州派 行列表)
9. 전의공파 항렬표(典儀公派 行列表)
10. 소정공장방 상호군공파 항렬표
    (昭靖公長房 : 上護軍公派 行列表)
11. 소정공이방 한성공 : 백천공파 항렬표
    (昭靖公二房 漢城公 : 白川公派 行列表)
12. 소정공이방 한성공 : 구방파 항렬표
    (昭靖公二房 漢城公 : 九房派 行列表)
13. 소정공이방 한성공 : 장령공파 항렬표
    (昭靖公二房 漢城公 : 掌令公派 行列表)
14. 소정공삼방 영천부원군파 항렬표
    (昭靖公三房 鈴川府院君派 行列表)
15. 원평군파 항렬표(原平君派 行列表)
16. 판도공장방 제학공파 항렬표(版圖公長房 提學公派 行列表)
17. 판도공이방 부윤공파 항렬표(版圖公二房 府尹公派 行列表)
18. 판도공삼방 정정공파 항렬표(版圖公三房 貞靖公派 行列表)
19. 소부공장방파 항렬표(小府公長房派 行列表)
20. 소부공이방파 항렬표(小府公二房派 行列表)
21. 태위공파 항렬표(太尉公派 行列表)

第 三 章 시조 및 열선조(始祖 및 列先祖) · · · · · · · · · · · · · · · · · 313
第 一 節 시조 태사공(始祖 太師公) · 313

1. 태사공 약사(太師公 略史) · 313
2. 고려개국통합삼한익찬공신책훈조서 · 316
   (高麗開國統合三韓翊贊功臣策勳詔書)
3. 태사공 심묘사적(太師公 尋墓事蹟) · 317
4. 태사공 묘표(太師公 墓表) · 319

5. 태사공 사적지(太師公 史蹟址)·················· 321
   (1) 용연(龍淵)
   (2) 봉강재(鳳岡齋)
   (3) 치마대(馳馬臺)
   (4) 금강사지(金剛寺址)
   (5) 태사공유허지(太師公遺墟址)
   (6) 봉강서원유허지(鳳岡書院遺墟址)
   (7) 여음진(如飮津)
   (8) 서강사(瑞岡祠)
第 二 節 벽상공신공 윤 선 지(壁上功臣公 尹 先 之)·············· 325
第 三 節 복야공 윤 금 강(僕射公 尹 金 剛)·················· 327
第 四 節 문정공 윤 집 형(文靖公 尹 執 衡)·················· 328
第 五 節 문숙공 윤 관(文肅公 尹 瓘)··················· 330
  1. 문숙공 약사(文肅公 略史)····················· 330
  2. 문숙공 열전(文肅公 列傳)····················· 336
  3. 연 보(年 譜)·························· 346
  4. 국왕의 치제문(國王의 致祭文)··················· 354
  5. 국왕의 전교문(國王의 傳敎文)··················· 355
  6. 신도비명(神道碑銘)······················· 356
  7. 심묘사적(尋墓事蹟)······················· 360
  8. 묘소약기(墓所略記)······················· 364
  9. 문숙공 휘 관 묘표음기(文肅公 諱 瓘 墓表陰記)············ 365
 10. 문숙공 동상(文肅公 銅像)····················· 369
   (1) 동상 건립(銅像 建立)
   (2) 동상 명문(銅像 銘文)
   (3) 문숙공 유상사실기(文肅公 遺像事實記)
   (4) 9성 강역도(九城 彊域圖)
 11. 문숙공 사적지(文肅公 史蹟址)··················· 373
   (1) 여충사(麗忠祠)   (6) 정북사(靖北祠)
   (2) 상서대(尙書臺)   (7) 원수대(元帥臺)
   (3) 낙화암(落花巖)   (8) 장사대(壯士臺)
   (4) 추원단(追遠壇)   (9) 원수암(元帥岩)
   (5) 노당사허비(蘆當祠墟碑)   (10) 도린포(都鱗浦)

파평(坡平)윤(尹)씨이야기 • 19

차 례

(11) 시중대(侍中臺)
(12) 만뢰사(萬賴祠)
(13) 조양사(朝陽祠)
(14) 수벽사(修闢祠)
(15) 화남재(花南齋)
(16) 서강사(瑞岡祠)
(17) 문숙공동상(文肅公銅像)
(18) 호남사(湖南祠)
(19) 선춘령(先春嶺)

第 六 節 문강공 윤 언 이(文康公 尹 彦 頤) ·· 382
1. 문강공 열전(文康公 列傳) ·· 382
2. 문강공 묘지(文康公 墓誌) ·· 387
3. 추원단(追遠壇) ··· 393

第 四 章 명조 약사(名祖 略史) ·· 394

6世 : 지후공 언인(祗侯公 彦仁)   복야공 언식(僕射公 彦植)
　　　어사공 언순(御史公 彦純)   봉어공 언민(奉御公 彦旼)
7世 : 급사공 덕첨(給事公 德瞻)   문정공 인첨(文定公 鱗瞻)
　　　박사공 자고(博士公 子固)   시랑공 돈신(侍郎公 惇信)
8世 : 남원백 위(南原伯 威)
　　　판관공 종장(判官公 宗長)
　　　판관공 종화(判官公 宗和)
　　　시랑공 종문(侍郎公 宗文)
　　　상서공 종악(尙書公 宗諤)
　　　예빈공 종회(禮賓公 宗誨)
　　　형부시랑 종양(刑部侍郎 宗瀁)
　　　화산군 인직(花山君 仁直)
　　　유수공 상계(留守公 商季)
9世 : 문평공 극민(文平公 克敏)
　　　덕산군 은형(德山君 殷衡)
　　　창화공 자연(昌和公 自淵)
　　　고사공 세방(庫事公 世芳)
　　　시랑공 명변(侍郎公 明辨)
　　　녹사공 복원(錄事公 復元)
10世 : 함안백 돈(咸安伯 敦)   시위공 사효(侍衛公 思孝)
　　　 제학공 정옥(提學公 正玉)   충간공 왕(忠簡公 汪)
　　　 어사공 순(御史公 純)

차 례

11世 : 주부공 희보(主簿公 希甫)
　　　 전서공 영찬(典書公 英贊)
　　　 문경공 신갑(文景公 莘甲)
　　　 첨의공 균(僉議公 均)
　　　 문화공 지호(文和公 之顥)
　　　 문익공 발(文翊公 發)
　　　 문현공 보(文顯公 珤)

12世 : 의랑공 기(議郞公 頎)　　　　시랑공 홍재(侍郞公 弘材)
　　　 진사공 사덕(進士公 思德)　　평리공 선좌(評理公 宣佐)
　　　 전의공 보(典儀公 甫)　　　　찬성공 계종(贊成公 繼宗)
　　　 대언공 안적(代言公 安勣)　　양간공 안숙(良簡公 安淑)
　　　 소부공 암(小府公 諳)　　　　태위공 안비(太尉公 安庇)

13世 : 제학공 회(提學公 禧)　　　　충간공 황(忠簡公 璜)
　　　 직장공 정(直長公 禎)　　　　상호군공 천을(上護軍公 天乙)
　　　 시령공 보(侍令公 輔)　　　　판서공 이(判書公 苡)
　　　 영평군 척(鈴平君 陟)　　　　판서공 해(判書公 侅)
　　　 영평군 침(鈴平君 忱)

| 일러두기 |

1. 이 책은 전통적인 족보(族譜)와 보첩(譜帖)의 체제에서 벗어나 선조(先祖)들의 구체적인 행적(行蹟)에 대해 일반인들과 젊은 세대(世代)가 쉽게 보고 이해할 수 있도록 하는 것에 주된 방향을 맞추어 편찬하였습니다. 때문에 어려운 한문체(漢文體)의 내용이나 중복되는 내용이 많은 것은 배제하였습니다.

2. 본 보첩(譜諜) 편찬의 근본정신은 오랜 역사를 거쳐 오면서 유실된 사료(史料)와 각 씨족별로 나타나는 복잡하고 많은 이설(異說) 등의 다양한 견해(見解)를 모두 반영하기 보다는 자라나는 어린 후손들에게 보다 쉽고 친근하게 선조의 씨족사를 이야기하고 선조의 발자취를 보여줌으로써 자긍심을 키우고 미래를 밝혀줄 바른 정신을 전하고자 하는데 있음을 밝혀둡니다.

3. 본 서(書)는 각 성씨별, 관향별 종친회(宗親會)와 그 외 각 지파(支派)에서 발간해온 보첩과 자료를 주로 참고하였으며, 일반 서적과 사전류에 수록된 내용들도 발췌 정리하여 엮음으로써 가능한 한 많은 내용을 담도록 노력하였습니다.

4. 수록된 관향의 순서는 가나다순(順)으로 하였으나 편집의 편의상 선후가 바뀔 수도 있음에 양해를 구하며, 인물의 경우 계대를 따르는 것을 원칙으로 하였으나 여의치 않을 경우 대략적인 활동 연대순을 따랐습니다.

5. 각 본관별(本貫別) 내용 구성은 먼저 주요 선조의 유적 유물 사진을 수록하고, 연원(淵源)과 씨족사(氏族史), 세계(世系)과 행렬(行列) 등을 한눈에 이해하기 쉽게 정리하고, 그리고 역대 주요 명현(名賢)의 생애와 업적을 이해하기 쉬운 약전(略傳) 형식으로 수록하였습니다.

6. 수록한 내용과 인물들은 삼국유사 《三國遺事》, 삼국사기 《三國史記》, 고려사 《高麗史》, 조선왕조실록 《朝鮮王朝實錄》, 고려공신전 《高麗功臣傳》, 국조방목 《國朝榜目》 등의 일반 사료(史料)의 기록을 기반으로 하여 각 성씨별 문중(門中)에서 발행한 보첩에 나타나 있는 명현(名賢)을 망라하였으나 자료의 미비로 부득이 누락된 분들은 다음 기회에 보완 개정하고자 합니다.

유적보감 遺蹟寶鑑

파평 윤씨16 파계도(坡平尹氏 16 派系圖)

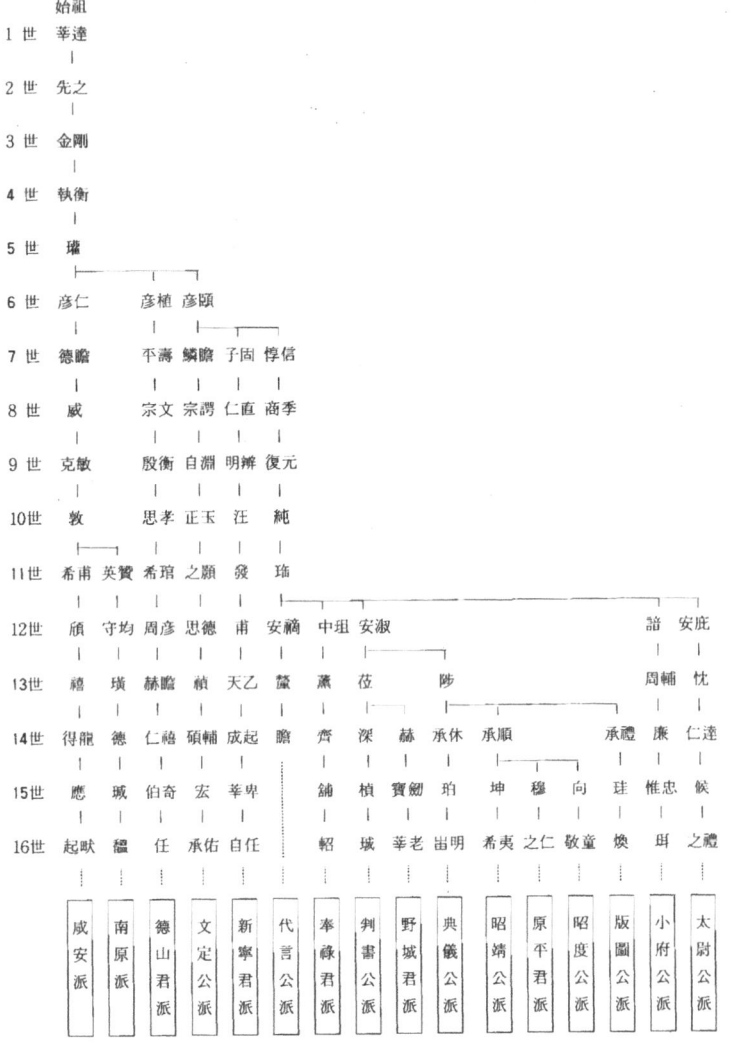

1. 시조태사공 휘 신달(始祖太師公 莘達)

1. 始祖太師公 諱 莘達(시조 태사공 휘 신달)

◀坡平 尹氏 聖地 龍淵
(파평윤씨 성지 용연)

▲ 龍淵之神(용연지신)

▲ 태사공 발상지비

유적보감(遺蹟寶鑑)

▲ 鳳岡齋 전경(봉강재 전경)
시조 태사공의 묘소와 별묘(別廟)를 모신 영역(塋域)으로 경북 문화재 201호.

◀ 始祖 太師公 新 神道碑
(시조 태사공 신 신도비)

1. 시조태사공 휘 신달(始祖太師公 莘達)

▲ 鳳岡廟(봉강묘)

▲ 鳳岡廟 懸板(봉강묘 현판)

유적보감(遺蹟寶鑑)

▲ 花樹亭(화수정)

추모헌

봉루암

재실

태사공분암

1. 시조태사공 휘 신달(始祖太師公 莘達)

▲ 용연초등학교
· 소재 : 경기도 파주시 파평면 눌로리
파산국민학교가 본래 교명(校名)이었으나 화재와 재난이 자주 일어나서 태사공께서 태사공의 탄강지인 용연(龍淵)을 교명으로 바꾸었다. 그 뒤로는 재난도 없고 현재까지 발전되어 오고 있다.

◀ 교문

유적보감(遺蹟寶鑑)

聖閣(삼성각)

▼ 彌陀寺 羅漢殿(미타사 나한전)
· 문숙공 영정 봉안

2. 문숙공 윤관장군(文肅公 尹瓘將軍)

▲ 尹瓘 將軍 銅像(윤관 장군 동상)

유적보감(遺蹟寶鑑)

▲ 麗忠祠 全景(여충사 전경)

· 소재 : 경기도 파주시 광탄면 분수리
원래는 분수재(汾水齋)였으나 여충사로 개칭(1982년)
윤관 장군의 영정이 봉안되어 있으며 매년 음력 3월 10일 향사.

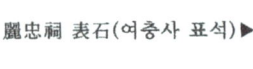
麗忠祠 表石(여충사 표석)▶

2. 문숙공 윤관장군(文肅公 尹瓘將軍)

▲ 文肅公 墓域 全景(문숙공 묘역 전경)
· 소재 : 경기도 파주시 광탄면 분수리 여충사내(국가사적 제323호)
문숙공 윤관장군의 묘소와 사당(祠堂) 그리고 전마총(戰馬塚) 및 교자총(轎子塚)이 있는 성역(聖域)

▲ 문숙공 윤관장군묘와 石物(석물)

유적보감(遺蹟寶鑑)

▲ 尹瓘將軍墓(윤관장군묘) 안내문

▲ 尹瓘將軍 墓碑(윤관장군 묘비)
고려 수태보 문하시중 영평백 문숙공 휘 관

▲ 尹瓘將軍 神道碑(윤관장군 신도비)
· 소재 : 문숙공 묘역내(1996년 건립)
  撰 : 鷺山 李殷相   書 : 素堂 錫五(35世)

2. 문숙공 윤관장군(文肅公 尹瓘將軍)

▲ 戰馬塚(전마총)
문숙공께서 북정(北征)하실 때 타시던 말을 묻은 곳.

▲ 轎子塚(교자총)
문숙공께서 북정(北征)하실 때 타시던 교자를 묻은 곳.

▲ 文肅公 尹瓘 親筆 / 詩(문숙공 윤관 친필 /시)

문숙공 친필(文肅公 親筆)

친필내용

奉關外久職이라 天恩이 罔極하여
其中에 行過使命之與라. 瓘有素者하
여 或爲之陞堂하여 設酌以榮之하니
亦一天恩也어늘 今適令監이 與潤卿
으로 同來하니 分義不比他人이라.
明日에 待潤卿到는 明明進疑라.
設小酌하여 以慰臨年之老라하니
明明毋負로다. 厚望也切切敬白·瓘

역문(譯文)

관외에서 명을 받은 후로는 오랫동
안 적조하였소. 천은이 망극해서 그
중에서도 사명을 다 했소이다. 나에
게 성심있는 자가 있어 간혹 승당시
처럼 주연을 베풀어 영화롭게하니
이 또한 천은이거늘 이제 마침 영감
(令監)이 윤경(潤卿)과 더불어 오신
다니 분에 넘치는 구려. 명일에 윤
경과 같이 오신다 함은 틀림없이 나
의 벗이 되려하나 주연을 베풀어 나
이 많은 늙은이를 위로한다 함은 분
명히 나를 아주 저버리지는 아니함
이로다. 거듭 바라는 바 매우 간절
하오.

경백(敬白) 관(瓘)

유적보감(遺蹟寶鑑)

▲ 落花岩(낙화암)
· 소재 : 상서대 건너편
윤관 장군께서 여진정벌후 개선하실 때 여진족 추장(酋長)의 매(妹)인 웅단(熊丹)이란 여인을 첩자로 딸려보내 시중을 들게 하였으나 장군의 인품에 감화되어 장군께서 돌아가시자 이곳에서 순절(殉節)함.

▼ 웅단부인 신위   입절정의 웅부지위

2. 문숙공 윤관장군(文肅公 尹瓘將軍)

▲ 상서대 느티나무 두 그루를 합하여
문숙공께서 손수 심으신 것으로 임진왜란때 불타 없어졌다가 새로 싹이 나서 자란 나무이다.

▲ 尙書臺 全景(상서대 전경)

· 소재 : 경기도 파주시 법원읍 웅담리 329-2
문숙공께서 수양정(修養亭)으로 쓰신 별저(別邸)가 있던 유서 깊은 유허지.

유적보감(遺蹟寶鑑)

▲ 尙書臺 追遠壇(상서대 추원단)

◀ 추원단비

2. 문숙공 윤관장군(文肅公 尹瓘將軍)

6세 문강공 휘 彦頤(언이)의 신위

7세 시랑공 휘 惇信(돈신)의 신위

8세 유수공 휘 商季(상계)의 신위

9세 녹사공 휘 復元(복원)의 신위

10세 어사공 휘 純(순)의 신위

11세 문현공 휘 珤(보)의 신위

12세 양간공 휘 安淑(안숙)의 신위

13세 영평군 휘 陟(척)의 신위

14세 충간공 휘 承順(승순)의 신위

유적보감(遺蹟實鑑)

3. 咸安派(함안파)

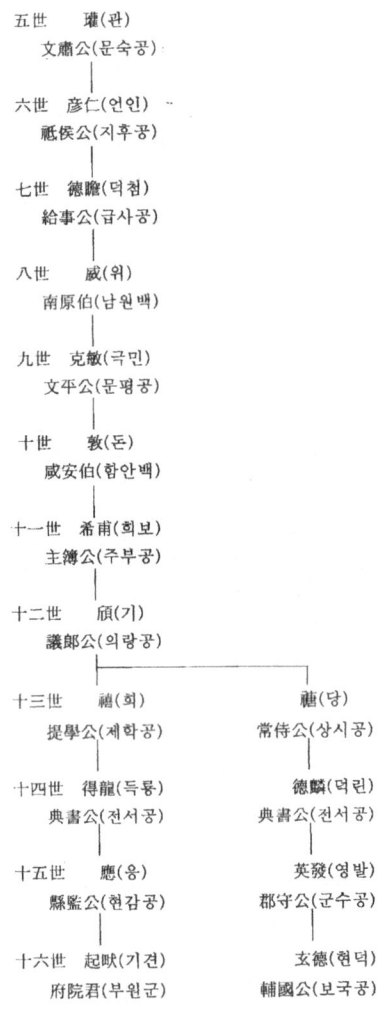

五世　瓘(관)
　　　文肅公(문숙공)

六世　彦仁(언인)
　　　祗侯公(지후공)

七世　德瞻(덕첨)
　　　給事公(급사공)

八世　威(위)
　　　南原伯(남원백)

九世　克敏(극민)
　　　文平公(문평공)

十世　敦(돈)
　　　咸安伯(함안백)

十一世　希甫(희보)
　　　主簿公(주부공)

十二世　頎(기)
　　　議郎公(의랑공)

十三世　禧(희)　　　　　　禟(당)
　　　提擧公(제학공)　　　常侍公(상시공)

十四世　得龍(득룡)　　　　德麟(덕린)
　　　典書公(전서공)　　　典書公(전서공)

十五世　應(응)　　　　　　英發(영발)
　　　縣監公(현감공)　　　郡守公(군수공)

十六世　起畎(기견)　　　　玄德(현덕)
　　　府院君(부원군)　　　輔國公(보국공)

3. 함안파(咸安派)

● 유래

　함안파는 문숙공의 증손이 되는 남원백 위(南原伯 威)의 손자가 되고 문평공 극민(文平公 克敏)의 아들이 되는 돈(敦)께서 함안지방에 들끓던 도적의 무리를 평정하는데 큰 공을 세웠기 때문에 백(伯)이라는 작위에 봉작되어 함안을 봉토(封土)로 하사받았으므로 함안백(咸安伯)이라 칭하게 되니, 큰 아들 주부공 희보(注簿公 希甫)께서는 아버님의 봉토에 그대로 눌러 살면서 함안을 본관으로 삼았다. 그러나 함안백의 아들 4형제중 장남만 함안을 본관으로 삼고 나머지 세 형제는 증조가 되는 남원백 위(南原伯 威)를 시조로 모시고 남원을 본관으로 계승하고 있다. 함안은 경상남도 중남부에 위치하고 있다. 1959년도 발행한 파평윤씨 대동보 '기해종합보'에 함안파로 합보한바 있다.

● 문중

전남 보성군 복내면 시천리 문중
　조선시대 성종의 왕후가 되셨다가 폐비되신 연산군 생모인 윤씨의 친정 장조카 첨정공 지임(僉正公 之任)께서 폐비 사건후 보성으로 낙향하신 후 그 후손이 세거하신다.

· 광주시 효덕동 문중
　폐비 윤씨의 친정 둘째 조카인 정랑공 지화(正郞公 之和)께서 폐비사건후 광주로 낙향하여 그 후손이 세거하신다.

· 경기도 안성시 일죽면 산전리 문중
　폐비 윤씨의 친정 셋째 조카인 첨정공 지청(僉正公 之淸)께서 폐비 사건후 죽산으로 낙향하여 그 후손들이 세거하신다.

· 충남 공주군 의당면 요당리 문중
　폐비 윤씨의 친정 셋째 조카인 첨정공 지청(僉正公 之淸)의 증손으로서 선조 대왕의 호성(扈聖)공신이신 의께서 광해군이 폐모하는 것을 보시고 벼슬을 버리고 낙향하여 그 후손들이 세거하신다.
　부여군 초촌면 산직리에도 요당리 문중에서 분가하여 살고 계신다.

유적보감(遺蹟寶鑑)

4. 南原派(남원파)

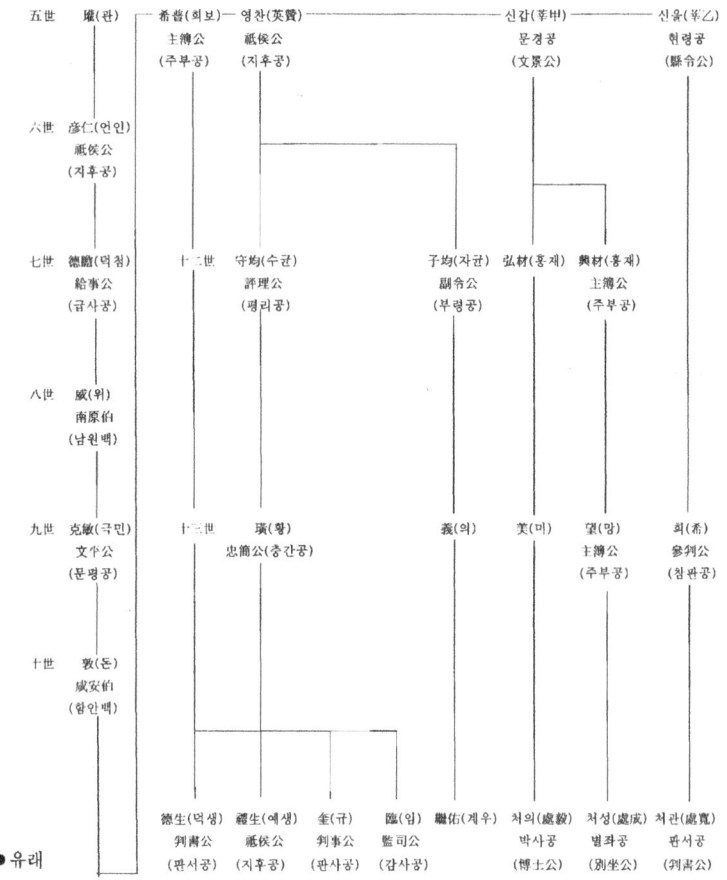

● 유래

파평 윤씨의 8世가 되시고 문숙공 관(瓘)의 장남 지후공 언인(祗侯公 彦仁)의 손자인 위(威)께서 고려 신종때 사업(司業) 벼슬로 염창(廉察)이 되어 남원 지방에 들끓던 도적떼를 귀순시켜 양민이 되게 한 공으로 남원백(南原伯)에 봉작(封爵) 되시고 남원을 봉토로 하사받으셨다.
그후 남원백의 손자가 되시는 돈(敦)께서도 함안지방의 도적떼를 소탕한 공으로 함안백(咸安伯)에 봉작되시고 함안으로 본을 하사받으셨으므로 함안파의 시조가 되셨다. 이렇듯 조손(祖孫)이 모두 봉백되었으므로 함안백의 장남이신 주부공 희보(注簿公 希甫)께서는 아버님의 대를 이어야 하므로 함안백을 시조로 모시고 함안파가 되었다. 그러나 둘째 아들 판민부공(判民部公) 영찬(英贊), 셋째 아들 문정공 신갑(文景公 莘甲), 넷째 아들 현령공 신을(縣令公 莘乙)의 각 자손들은 남원백을 시조로 모시고 계속 남원을 본으로 사용하였다. 남원은 전라북도 동남부에 위치한 곳이다.
1959년도 간행한 파평 윤씨 '기해종합보'에 남원파로 합보한 바 있다.

4. 남원파(南原派)

▲ 瑞岡祠(서강사)
· 소재 : 전남 광주시 남구 방림2동 821-1
시조 태사공을 비롯하여 문숙공, 문강공, 남원백, 함안백, 문현공 6위의 위패를 모신 사당으로 1969년 종인들이 세웠다.

▲ 서강사 필식문 현판

유적보감(遺蹟寶鑑)

▲ 방산서원 입구

▼ 방산서원
· 8세 남원백 휘 위(威)와 15세 문효공 효손의 학문과 덕행을 추모하기 위해 창건하여 위패를 모셨다.

4. 남원파(南原派)

▲ 追慕齋(추모재)

▼ 방산서원 居仁門(거인문)

※응강재는 6세 지후공 언인부터 남원백, 함안백까지 모신 단소로 1960년 남원 주생면 지당리에 세웠으나 훼손되어 2000년 4월 방산서원 옆으로 비를 옮겼다.

파평(坡平)윤(尹)씨이야기 • 45

유적보감(遺蹟寶鑑)

◀ 15世 文孝公 諱 孝孫(문효공 효손)의 墓
- 석등 및 석비 : 전남 유형문화재 제37호
- 字는 유경(有慶), 號는 추계(楸溪)
- 배 정경부인 죽산박씨

◀ 문효공 신도비

전남 구례군 산동면 이평리에 있는 조선시대의 문신 문효공 윤효손의 신도비

보물 제584호. 높이171㎝, 너비91㎝, 두께25㎝

문효공이 돌아가신 지 16년이 지난 1519년(중종 14, 己卯)에 세운 것으로 조선 전기의 석비를 대표하며, 높이 1.2m의 직사각형으로 된 지대석을 지면에서 상당히 높게 앉히고 각 면에는 운룡(雲龍)무늬를 육각(肉刻)으로 조식(彫飾)하였다. 지대석 위에는 다시 별석(別石)으로 얇게 앙련좌대석(仰蓮座臺石)을 마련하였다. 또 귀부(龜趺)는 앙련좌대석과 일석으로, 귀두(龜頭)는 용두화 되지 않았다.

전족 삼조(前足 三爪)는 일반적으로 귀두 앞쪽으로 나온 것이 통례이나 이는 전족(前足)을 뒤로 구부려 붙여 삼조를 앙련좌대석에 붙인 점이 특이하다. 비신(碑身)은 대리석이며 귀갑(龜甲) 상면 중앙에 다시 복연좌대석(覆蓮座臺石)을 조출(彫出)하였고 그 위로 비신을 받쳤다.

비문은 예문관 대제학 신용개(申用漑)가, 글은 우참찬 신공제(申公濟)가, 전서는 전라도 관찰사 이언호(李彥浩)가, 비 뒷면의 음기는 이 행이 각각 지었다.

4. 남원파(南原派)

▲ 顯節祠 全景(현절사 전경)

· 경기도 유형문화재 4호
· 소재 : 경기도 광주시 중부면 산성리 남한산성

1688년(숙종14, 戊辰) 병자호란의 3학사 윤집(尹集), 오달제(吳達濟), 홍익한(洪翼漢)의 넋을 위로하고 충절을 기리기 위해 세운 사우.

유적보감(遺蹟寶鑑)

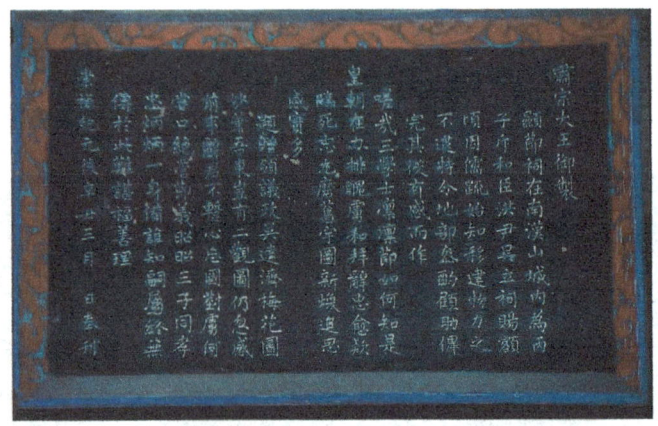

▲ 숙종대왕 어제 · 현절사 사액 어제(御製)

▼ 창렬사

· 충남 기념물 22호   · 소재 : 충남 부여군 구룡면 금사리 519
병자호란때의 삼학사 홍익한·윤집·오달제의 충절을 기리기 위해 세운 사당으로, 1717년(숙종43, 丁酉)에 왕이 온양에 행차하였을때 충청도 유생들이 상소하여 세웠다. 이들은 병자호란 때 청나라와 합의하는 것을 반대하여 심양에서 처형당했다.

4. 남원파(南原派)

▲ 창렬사 안 재실

▼ 창렬사 蹈海祠(도해사)

5. 德山君派(덕산군파)
9세 덕산군 은형(殷衡)이 중시조

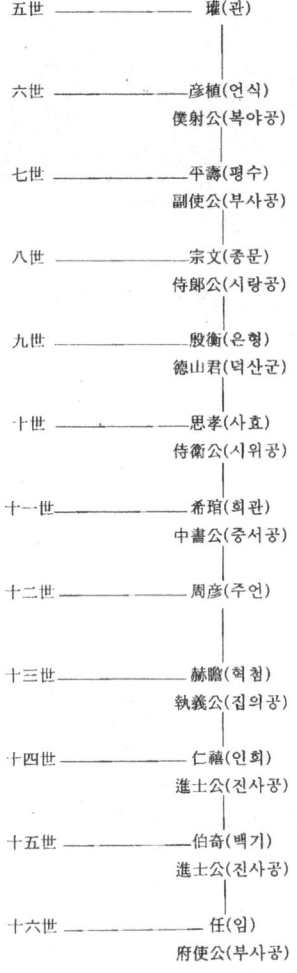

● 유래

파평 윤씨 9世 은형(殷衡)은 문숙공 관의 현손이 되시고 문숙공의 다섯째 아들 복야공 언식(僕射公 彦植)의 증손이시며 시랑공 종문(侍郎公 宗文)의 아들이 되신다. 공은 부친 시랑공 종문을 따라 합문지후(閤門祇侯)로서 큰 공을 세워 덕산군(德山君)으로 봉작되어 봉토(封土)된 지명을 따서 그 후손이 덕산을 본관으로 쓰고 있다.

그 후손 중에 영남의 거유(巨儒)로 유명한 주부공 관(主簿公 寬)이 파평과 합보할 의도로 원고 작성까지 하였으나 뜻을 이루지 못하였다. 지금으로부터 120여년 전에도 합보키로 합의까지 보았으나 실행에 옮기지 못하다가 1959년 '기해종합보'에 합보하였다.

● 문중

덕산윤씨 지령공파(芝嶺公派)문중

덕산군 은형(德山君 殷衡)의 증손이신 통례공 주언(通禮公 周彦)의 증손 참봉공 백기(參奉公 伯奇)께서 안동으로 낙향하셨다. 참봉공 백기의 6대손 진사공 의정(進士公 義貞)의 호가 지령공(芝嶺公)이시다. 지령공은 이퇴계 선생과 동시대인이고 도학(道學)에 뛰어나셨기 때문에 유림에서 마곡서원(磨谷書院)을 지어 봉사(奉祀)하고 있다. 지령공의 후손이 봉화, 안동, 영양, 대구 등지에서 사신다.

5. 덕산군파(德山君派)

▲ 추원사 전경
· 소재 : 충북 충주시 엄정면 계동리 내창마을
12세 평리공 휘 선좌(評理公 諱 宣佐)배향

유적보감(遺蹟寶鑑)

▲ 목계 발신제 유래비
· 소재 : 충북 엄정면 목계리 289

▲ 磨谷書院 全景(마곡서원 전경)
· 소재 : 경북 안동군 녹전면 사신리
15세 진사공 백기(伯奇)께서 안동으로 낙향
백기의 6대손 호가 지령공(芝嶺公)이신 진사공 휘 의정(義貞)을 봉사((奉祀).

6. 文定公派(문정공파)

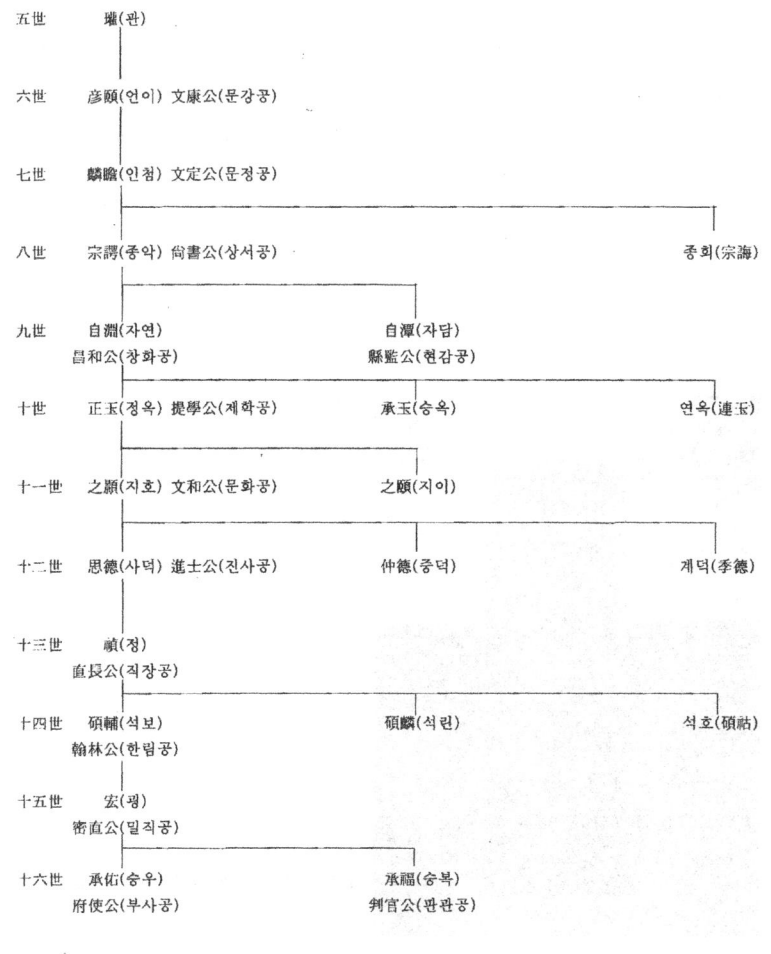

유적보감(遺蹟寶鑑)

● 유래

 옛날 함안, 남원, 덕산, 신령, 야성 등으로 본을 따로 사용하였을때에는 문강공 언이의 후손들만을 파평 윤씨라고 불렀다.

 문정공파는 문강공 언이의 큰 아들 인첨(鱗瞻)을 파의 시조로 모신다. 파의 시조를 중시조라 하기도 한다. 문숙공의 손자이신 7世 인첨은 돌아가신 후 문정(文定)이라는 시호(諡號)를 받으셨으므로 문정공이라 부르게 되고 그 후손들을 문정공파라고 부르고 있다.

 문정공파도 대가 거듭됨에 따라 자손이 불어났으므로 문정공의 큰 아들인 상서공 종악(尙書公 宗諤) 후손들을 문정공파의 상서공파라 하고, 둘째 아들인 예빈공(禮賓公) 종회(宗誨)의 후손들을 문정공파의 예빈공파(禮賓公派)로 부르게 되었다.

 여기서 대방파(大房派)는 문정공파를 말하고 문정공파에서 갈라진 상서공파(尙書公派)와 예빈공파(禮賓公派)를 소방파(小房派)라 부른다.

 문정공의 3남 좨주공 종성(祭酒公 宗諴)과 4남 시랑공(侍郎公) 종양은 후사(後嗣)가 없어 대를 잇지 못하였으므로 파이름이 없다.

◀ 문강공 언이의 신위   상서대 추원단 소재
· 소재 : 경기도 파주시 천현문 웅담리

6. 문정공파(文定公派)

▲ 侍中壇(시중단)
문정공 인첨(文正公 鱗瞻)이하 12위의 신위를 모심
1982년에 후손 해진(海鎭)과 동찬이 700만원을 헌납하여 설단하였다.

▲ 시중단 재실
· 소재 : 경기도 파주시 팡탄면 분수리
1999년 10월 완공(윤해진 선생)

유적보감(遺蹟實鑑)

▲ 윤해진 위선 공적비 전면
　· 소재 : 경기도 파주시 평탄면 분수리
문정공파(文定公派-尙書公派) 휘 홍규(弘圭)의 차자(次子)

▼ 윤해진 위선 공적비 후면

7. 新寧君派(신령군파)

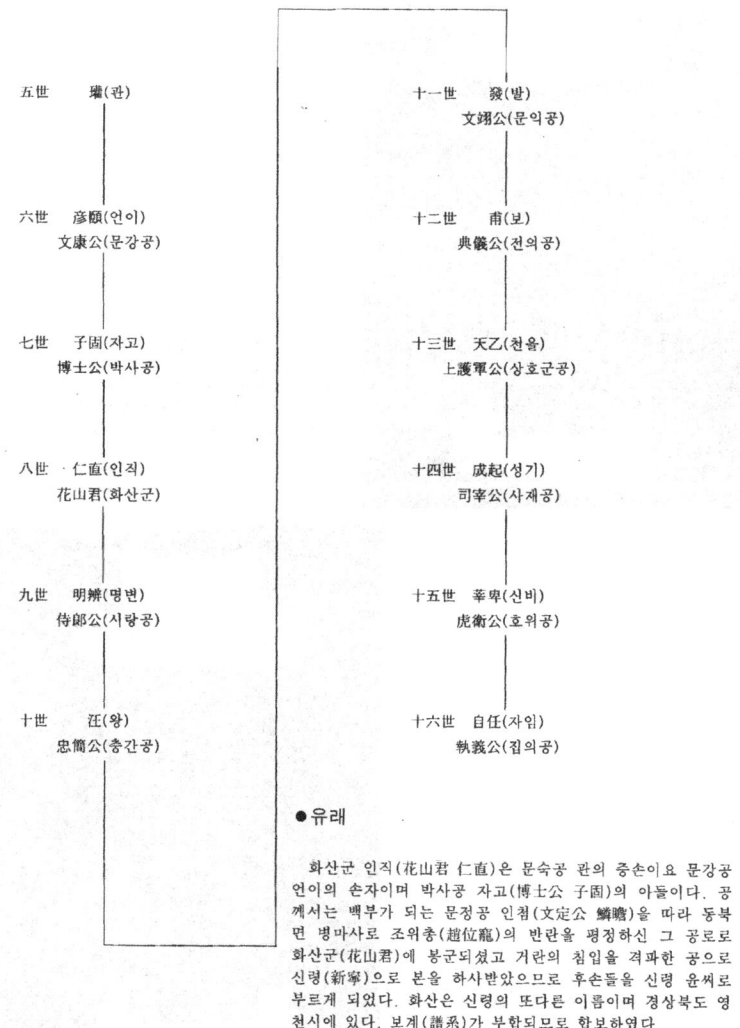

五世　瓘(관)	十一世　發(발) 文翊公(문익공)
六世　彦頤(언이) 文康公(문강공)	十二世　甫(보) 典儀公(전의공)
七世　子固(자고) 博士公(박사공)	十三世　天乙(천을) 上護軍公(상호군공)
八世　仁直(인직) 花山君(화산군)	十四世　成起(성기) 司宰公(사재공)
九世　明卞(명변) 侍郞公(시랑공)	十五世　莘卑(신비) 虎衛公(호위공)
十世　汪(왕) 忠簡公(충간공)	十六世　自任(자임) 執義公(집의공)

● 유래

　화산군 인직(花山君 仁直)은 문숙공 관의 증손이요 문강공 언이의 손자이며 박사공 자고(博士公 子固)의 아들이다. 공께서는 백부가 되는 문정공 인첨(文定公 鱗瞻)을 따라 동북면 병마사로 조위총(趙位寵)의 반란을 평정하신 그 공로로 화산군(花山君)에 봉군되셨고 거란의 침입을 격파한 공으로 신령(新寧)으로 본을 하사받았으므로 후손들을 신령 윤씨로 부르게 되었다. 화산은 신령의 또다른 이름이며 경상북도 영천시에 있다. 보계(譜系)가 부합되므로 합보하였다

유적보감(遺蹟寶鑑)

- 8世 花山君 諱 仁直(화산군 휘 인직)의 신위
- 9世 侍郞公 諱 明辨(시랑공 휘 명변)의 신위
- 10世 忠簡公 諱 汪(충간공 휘 왕)의 신위
- 11世 文翊公 諱 發(문익공 휘 발)의 신위
- 12世 典儀公 諱 甫(전의공 휘 보)의 신위
- 13世 上護軍公 諱 天乙(상호군공 휘 천을)의 신위
- 14世 司宰公 諱 成起(사재공 휘 성기)의 신위
- 15世 虎衛公 諱 莘卑(호의공 휘 신비)의 신위

· 16世 執義公 諱 自任(집의공 휘 자임)의 신위

7. 신령군파(新寧君派)

· 17世 司直公 諱 忱(사직공 휘 침)의 신위
· 18世 司直公 諱 世鈞(사직공 휘 세균)의 신위
· 19世 竹村公 諱 弼殷(죽촌공 휘 필은)의 신위
· 20世 勇菴公 諱 之復(용암공 휘 지복)의 신위
· 21世 察訪公 諱 幼安(찰방공 휘 유안)의 신위
· 22世 諱 思久(사구)부터 25世까지의 神位

유적보감(遺蹟實鑑)

8. 代言公派(대언공파)

● 유래

대언공파는 문강공 언이의 셋째 아들 시랑공 돈신(侍郎公 惇信)의 현손인 문현공 보(文顯公 珤)의 차남인 안적을 파시조로 모신다.

12世 대언공 안적은 문숙공의 7世손이요, 문강공의 6世손이다.

공께서 대언(代言) 벼슬을 하였기 때문에 대언공(大言公)으로 부르고, 그의 후손들을 대언공파(代言公派)라고 부르고 있다.

대언공의 세 손자 가운데 복야공 탁(僕射公 鐸)은 장남인 낭장공 이(郞將公 釐)의 아들로, 그 후손을 대언공파의 복야공파(僕射公派)라고 부른다.

또 밀직공 취(密直公 就)는 차남인 시령공 보(寺令公 輔)의 큰 아들로 그의 후손을 대언공파의 밀직공파(密直公派)라고 부른다.

또 사재공 장(司宰公 將)은 시령공 보의 둘째 아들로 그의 후손을 대언공파의 사재공파(司宰公派)라고 부른다.

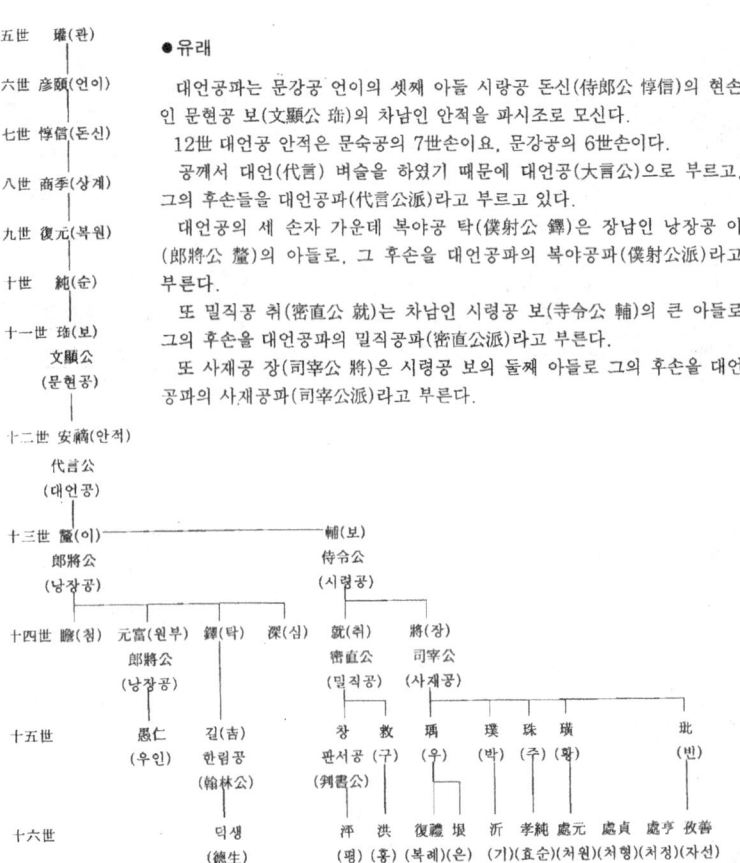

8. 대언공파(大言公派)

▲ 7世 시랑공 돈신(惇信)의 신위

▲ 8世 유수공 상계(商季)의 신위

▲ 9世 녹사공 복원(復元)의 신위

▲ 10世 어사공 순(純)의 신위

유적보감(遺蹟寶鑑)

▲ 수벽사
· 소재 : 전남 함평군 해보면 상곡리 658(모평마을)
15세 한림공 휘 길(翰林公 諱 吉)의 후손들이 1957년에 사당을 건립하여 문숙공의 영정을 모시고 향사(享祀)하고 있다.

▼ 임천정사   수벽사 강당

8. 대언공파(大言公派)

◀ 聽溪亭(청계정)

▼ 15世 한림공 휘 吉(길)의 신도비

대언공 휘 안적의 증손, 복야공 휘 탁(倬)의 자. 호 둔옹(遯翁), 자 사행(士行)

유적보감(遺蹟寶鑑)

◀ 농은거사 휘 三重(삼중)의 비

▼ 죽잠공 휘 相欽(상흠)의 효행비

8. 대언공파(大言公派)

◀ 화봉여사 효행비
· 함평향교 제100호

▼ 함평향교 · 유형문화재 제 113호
· 소재 : 전남 함평군 대동면 향교리 60
15세 한림공 길(吉)과 공의 자 진사공 덕생(德生)을 배향

유적보감(遺蹟寶鑑)

▲ 함평향교 대성전

▲ 분매사

· 소재 : 전남 무안군 해제면내분리
둔옹(聱翁)선생 휘 길(吉), 광수(狂叟)선생 휘 덕생(德生), 성원(盛元)선생 휘 만(蔓), 재화(在和)선생 휘 자중(自中)선생을 향사

8. 대언공파(大言公派)

▲ 산소정경   · 소재 : 경남 합천군 묘산면 화양동
· 입향조 사재공 장(司宰公 將) 이하의 산소

▲ 육우당
· 14세 사재공(司宰公) 휘 장(將)께서 손자 6형제를 키우면서 생긴 이름

유적보감(遺蹟寶鑑)

▲ 독립지사 윤만송 공적비

난국회 36현비 ▶

8. 대언공파(大言公派)

▲ 화수정
· 소재 : 경남 함양군 함양읍 상동(상림원내)

▲ 심소정 · 경남 문화재자료 제58호
· 소재 : 경남 거창군 남하면 양항리 358

이 정자는 조선 세종때 북벌 유공자인 화곡 윤자선이 하향하여 인재를 양성하고 충국 심연재를 짓고 강학하였는데 틈틈이 이곳에 와서 심소하였기에 후손들이 선생의 유덕을 기리기 위해 정자를 건립하였다. 심소정은 정면 4간 측면2간의 5량 구조 팔각 지붕이며 전면에 뒷마루를 두고 좌측2 간은 대청 우측 2간은 방으로 구성되어 있고 대청과 툇마루는 난간이 있는 마루형식으로 되어 있다. 정자의 규모와 내 외부의 공간 구성이 주변의 자연 풍경과 조화되는 아름다운 목조와가이다.

유적보감(遺蹟寶鑑)

◀ 현감 화곡 휘 자선의 단

▼ 화곡 선생의 비와 문중마을

8. 대언공파(大言公派)

▲ 蒙泉書院(몽천서원)
· 소재 : 경북 울진군 원남면 금매2리(매화리)
1693년 지방유림의 공의로 18세 우암공(憂菴公) 휘 시형(時衡)과 증손 황림공(篁林公) 휘 사진(思進)의 학문과 덕행을 추모하기 위해 창건하여 위패를 모신 사액서원-1737년(영조13. 丁巳)

▲ 三朝御批閣(삼조어비각) · 몽천서원내
1794년(정조18, 甲寅)에 건립한 각(閣)으로 우암의 만언소에 대한 효종의 비답(批答)과 우암의 장자 삼족당(여룡)의 국가편의 17조에 대한 숙종대왕의 비답과 우암의 증손 황림의 저서인 정판치설(천인일이설)과 몽학주해, 동서연의, 예학변의등의 문집을 보신 정조대왕의 비답 등 삼조(효종-숙종-정조)의 비답(批答)을 보존하는 집이다.

유적보감(遺蹟寶鑑)

▲ 우암공 / 황림공 유허비

▲ 우암공 시형 유허비

▲ 황림공 사진 신도비

9. 奉祿君派(봉록군파)

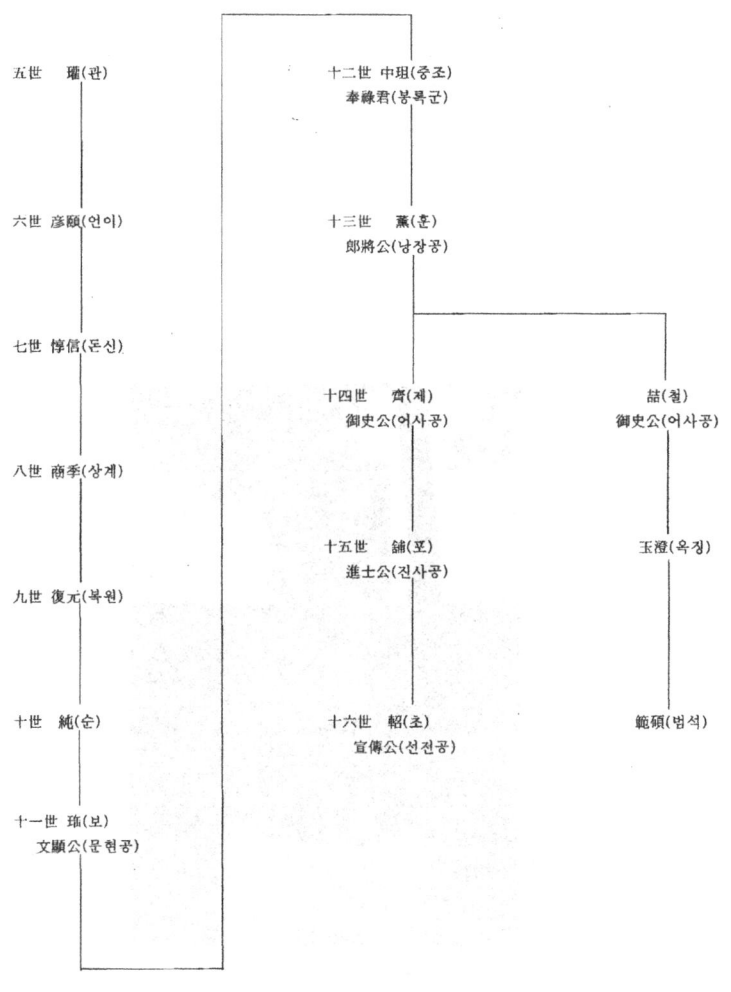

유적보감(遺蹟寶鑑)

● 유래

봉록군파는 문강공 언이의 셋째 아들 시랑공 돈신의 현손인 문현공 보의 셋째 아들인 중조를 중시조로 모시고 있다.

　중조는 시조 태사공의 11대손이고 문숙공 관의 7대손이며 언이의 6대손이다. 시랑공 돈신, 유수공 상계, 녹사공 복원, 어사공 순을 거쳐 문현공 보의 셋째 아들이 되고 봉록군(奉祿君)에 봉군되셨으므로 그의 후손들을 봉록군파라고 부르고 있다.

▲ 문현공 보의 신위
· 소재 : 경기도 파주시 천현면 용담리의 상서대 추원단에 소재

10. 判書公派(판서공파)

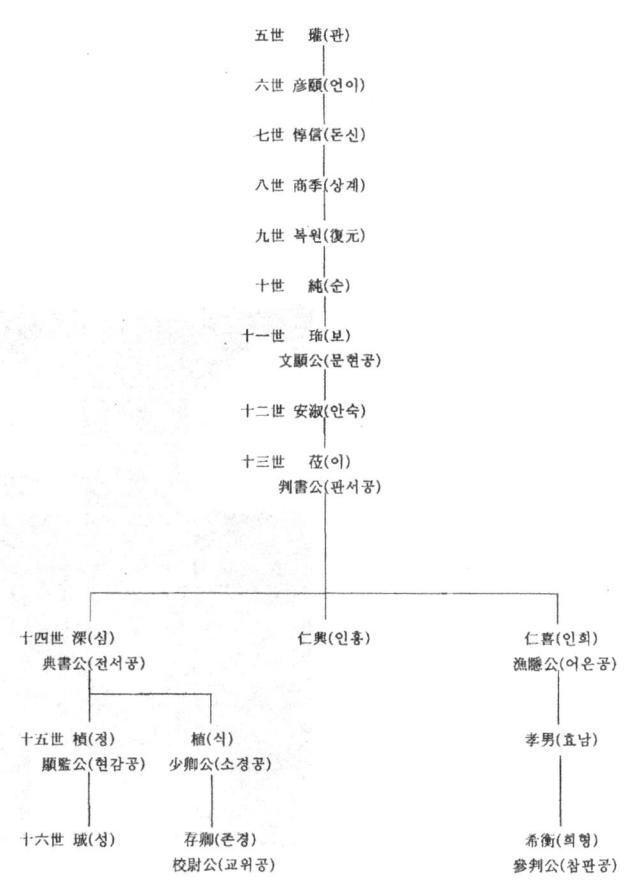

유적보감(遺蹟寶鑑)

● 유래

판서공파는 문강공 언이의 셋째 아들 시랑공 돈신의 현손인 문현공 보의 넷째 아들이 되는 양간공 안숙(良簡公 安淑)의 큰 아들 이(苡)를 중시조로 모시고 있다.

13世 이(苡)는 시조 태사공의 12대손이고 문숙공 관의 8대손이며 문강공 언이의 7대손이다. 시랑공 돈신, 유수공 상계, 녹사공 복원, 어사공 순, 문형공 보에 이어 양간공 안숙의 큰 아들이 되신다.

공께서 판서 벼슬을 하셨으므로 판서공이라 부르고 그의 후손들을 판서공파라 부른다.

판서공의 아들은 모두 네분이나 둘째 아들 인흥(仁興)께서는 대를 잇지 못하고 넷째 아들 야성군 혁의 후손들을 야성군파라 따로 부르고 있으므로 판서공파는 다만 첫째 아들 전서공 심(典書公 深)과 셋째 아들 어은공 인희(漁隱公 仁喜)의 후손만을 가리킨다.

● 문중

경기도 파주군 교하면

양간공 안숙(良簡公 安淑)의 장남 판서공 이(判書公 苡)의 후손들이 조선에 신하로 복종하기를 거부하고 세거하여 오신다.

▲ 양간공 안숙(安淑)의 신위
· 소재 : 경기도 파주시 천현면 응담리의 상서대 추원단에 소재

11. 野城君派(야성군파)

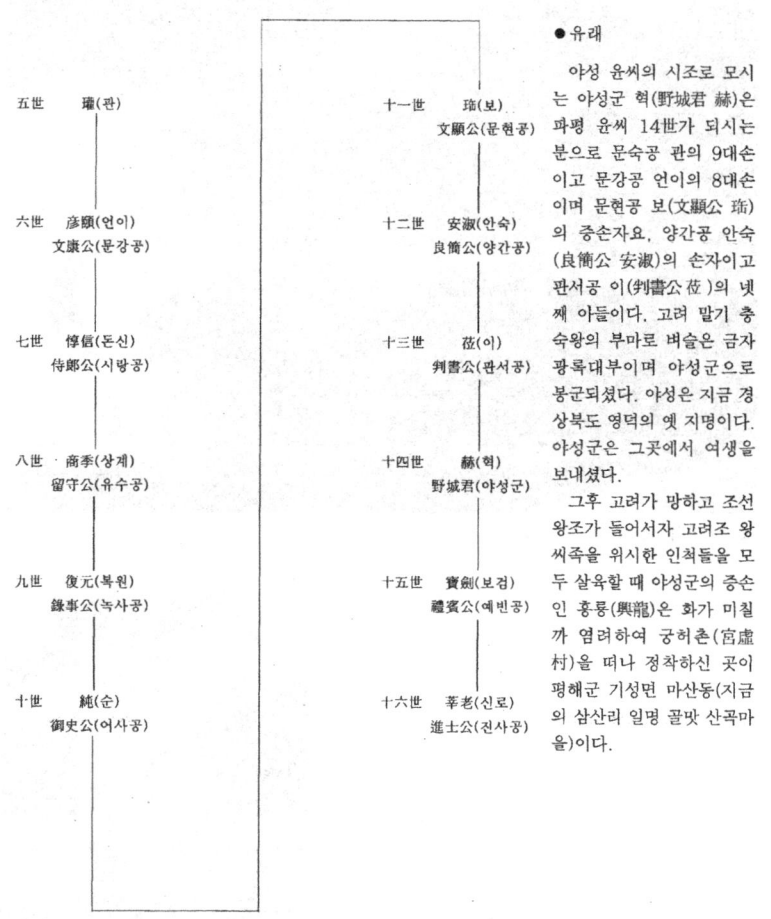

● 유래

야성 윤씨의 시조로 모시는 야성군 혁(野城君 赫)은 파평 윤씨 14世가 되시는 분으로 문숙공 관의 9대손이고 문강공 언이의 8대손이며 문현공 보(文顯公 珤)의 증손자요, 양간공 안숙(良簡公 安淑)의 손자이고 판서공 이(判書公 茋)의 넷째 아들이다. 고려 말기 충숙왕의 부마로 벼슬은 금자광록대부이며 야성군으로 봉군되셨다. 야성은 지금 경상북도 영덕의 옛 지명이다. 야성군은 그곳에서 여생을 보내셨다.

그후 고려가 망하고 조선왕조가 들어서자 고려조 왕씨족을 위시한 인척들을 모두 살육할 때 야성군의 증손인 흥룡(興龍)은 화가 미칠까 염려하여 궁허촌(宮虛村)을 떠나 정착하신 곳이 평해군 기성면 마산동(지금의 삼산리 일명 골맛 산곡마을)이다.

유적보감(遺蹟寶鑑)

▲ 野城君 諱 赫(야성군 휘 혁)의 묘

· 소재 : 경북 영덕군 달산면 매일2리(능묘동)
14세 야성군은 판서공 이(判書公 頤)의 사자(四子)이시며
고려말 충숙왕(忠肅王)의 부마(駙馬)로
벼슬은 금자광록대부(金紫光祿大夫)를 지내셨다.
야성은 경북 영덕의 옛 지명이다.

중시조 야성군 묘비 ▶

12. 典儀公派(전의공파)
13세 영평군 척(鈴平君 陟)의 장자 전의공 승휴(承休)의 후손

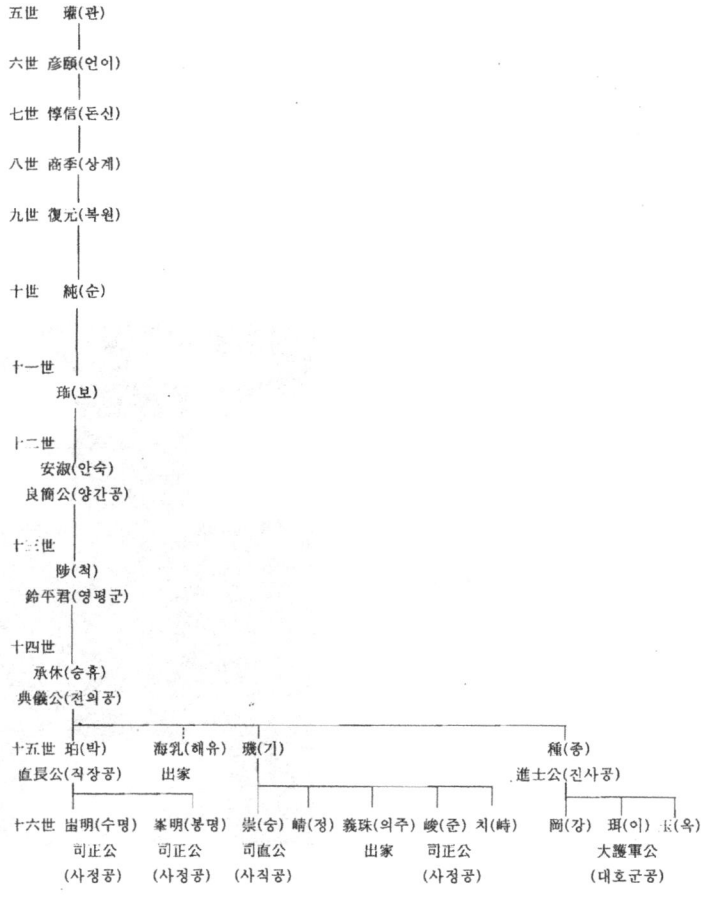

유적보감(遺蹟寶鑑)

● 유래

　전의공파는 문헌공 보의 넷째 아들인 양간공 안숙의 둘째 아들이 되는 영평군 척(鈴平君 陟)의 큰 아들 승휴(承休)를 중시조로 모시고 있다.

　14世 승휴께서는 시조 태사공의 13대손이고 문숙공 관의 9대손이며 문강공 언이의 8대손으로 문헌공 보의 증손이 되신다.

　13世 영평군 척은 슬하에 아들 다섯을 두었는데 둘째 아들 판한성공 승도(判漢城公 承度)와 넷째 아들 좌윤공 승경(左尹公 承慶)은 대를 잇지 못하였고 큰 아들인 전의공(典儀公) 승휴(承休)와 셋째 아들 충간공 승순(忠簡公 承順), 그리고 다섯째 아들 판도공 승례(版圖公 承禮)의 세 파만이 대를 이어 왔다.

　공께서는 고려때 판전의시사(判典儀寺事)의 벼슬을 하셨으므로 전의공이라 하고 그의 후손을 전의공파라고 부르고 있다.

● 문중

의주 광평 문중

　영평군 척(鈴平君 陟)의 장남 전의공 승휴(典儀公 承休)의 5대손인 어모공 원호(禦侮公 元浩)께서 연산군 갑자년에 의주로 귀양 갔다가 그곳에서 돌아가셨다. 그 후손들이 그곳에서 계속 세거하신다.

◀ 영평군 척(陟)의 신위
· 소재 : 경기도 파주시 법원읍 웅담리
　　　　(상서대 추원단)

13. 昭靖公派(소정공파)

· 소정공파 산소 : 경기도 파주시 파주읍 연풍리(용주골)
  경기 지방문화재 106호

五世	瓘(관)
六世	彦頤(언이)
七世	惇信(돈신)
八世	商季(상계)
九世	復元(복원)
十世	純(순)
十一世	珤(보)
十二世	安淑(안숙) 良簡公(양간공)
十三世	陟(척) 鈴平君(영평군)
十四世	承順(승순) 忠簡公(충간공)
十五世	坤(곤) 昭靖公(소정공)

● 유래

시조 태사공의 14대손이 되고, 문숙공의 10대손이고 문강공의 9대손이 되는 곤(坤)께서는 문강공의 셋째 아들인 시랑공 돈신의 후손이며 유수공 상계(留守公 商季), 녹사공 복원(錄事公 復元), 어사공 순(御史公 純), 문형공 보(文顯公 珤), 양간공 안숙(良簡公 安淑), 영평군 척(鈴平君 陟), 충간공 승순(忠簡公 承順)의 첫째 아들이 되신다.

공께서는 소정(昭靖)이라는 시호를 받았기 때문에 소정공(昭靖公)이라 부르게 되었다. 그 후손들은 소정공을 중시조로 모시고 소정공파로 부르게 되었다.

충간공 승순의 둘째 아들로 소정공의 아우님이 되는 원평군 목(原平君 穆)의 후손들을 원평군파로, 충간공의 셋째 아들이 되는 소도공 향(昭度公 向)의 후손들을 소도공파로 부르고 있다.

소정공파, 원평군파, 소도공파는 충간공 승순으로부터 갈라진 파들이다.

소정공파는 자손이 번창하여 다시 세 파로 갈라지는데 큰 아들인 상호군공(上護軍公) 희이(希夷)의 후손들을 소정공파의 상호군공파로, 둘째 아들 한성공 희제(漢城公 希齊)의 후손들을 한성공파(漢城公派)로 부르고, 셋째 아들 영천부원군 삼산(鈴川府院君 三山)께서는 공의 손녀께서 성종(成宗)의 왕비인 정현왕후(貞顯王后)가 되셨으므로 돌아가셨던 공께서도 영천부원군(鈴川府院君)을 추증(追贈)받게 되셨다. 따라서 그의 후손들은 소정공파(昭靖公派)의 영천부원군파(鈴川府院君派)라 부른다.

希夷(희이)	希齊(희제)	三山(삼산)
上護軍公	漢城公	鈴川府院君
(상호군공)	(한성공)	(영천부원군)

유적보감(遺蹟寶鑑)

▲ 昭靖公 諱 坤 齋室 全景(소정공 휘 곤 재실 전경)
· 소재 : 경기도 파주시 파주읍 연풍리(용주골)

▼ 昭靖公 齋室(소정공 재실)

13. 소정공파(昭靖公派)

▲ 昭靖公 諱 坤(소정공 휘 곤)의 別廟(별묘)

▼ 龍池丙舍(용지병사) · 소정공 사원

유적보감(遺蹟寶鑑)

▲ 15世 昭靖公 諱 坤 墓(소정공 휘 곤 묘)
· 소재 : 경기도 파주시 파주읍 연풍리 81-4

◀ 소정공 선생 안내문
· 경기도 기념물 106호

· 소재 : 경기도 파주시 파주읍 연풍리 81-4
이곳은 조선 세종때 명신(名臣)인 윤곤(?~1422)선생의 묘이다. 시호는 소정(昭靖), 본관은 파평으로 고려말 문과에 급제한 후 조선 정종2년(1400) 동지총제(同知摠制)로 2차 왕자의 난 때 태종에게 가담하여 추충익좌 명공신(推忠翊佐名功臣) 삼등(三等)이 되고 파평군(坡平君)에 봉해졌다. 이 해 사은부사(謝恩府使)로 명하자 평안도 도관찰사(道觀察使)로 민속(民俗)을 바로잡는 등 많은 치적을 남겼으며, 그 후 우참찬 이조판서(右參贊 吏曹判書)를 역임하고 세종 4년(1422) 세상을 떴다.

84 · 파평(坡平)윤(尹)씨 이야기

13. 소정공파(昭靖公派)

◀ 소정공 묘비

▼ 소정공 신도비

유적보감(遺蹟寶鑑)

▲ 16世 上護軍公 諱 希夷의 墓
· 소재 : 경기도 양주군 남면 경신리 209

◀ 상호군공 신도비 ▶

13. 소정공파(昭靖公派)

▲ 16世 漢城公 諱 希齊 墓(한성공 휘 희제 묘) 전경
· 소재 : 경기도 양주군 남면 입암1리

漢城公 神道碑(한성공 신도비) ▶

유적보감(遺蹟寶鑑)

▲ 17世 參議公 諱 垠(참의공 휘 은)의 묘
· 한성공 희제(希齊)의 차자

참의공 신도비 ▶

13. 소정공파(昭靖公派)

▲ 貞夫人 韓山李氏 孝婦閣(효부각)
· 휘 인함(仁涵)의 증손인 24世 파원군 휘 비경(坡原君 諱 飛卿)의 처(妻)

▲ 영벽정 전경
· 소재 : 경북 대구시 달성군 다사읍 문산리 406

유적보감(遺蹟寶鑑)

▲ 영벽정 안에서 본 전경

▼ 첨모재
· 진사공 인협(仁浹)의 손자인 23세 지헌공 거신(止軒公 擧莘)을 모시는 재실

13. 소정공파(昭靖公派)

▲ 승지공 휘 硏(연)의 묘
· 휘 사건(師騫)의 자(子)로 19세. 자는 정숙(精叔)

▲ 사직공 휘 진종(震宗)의 묘
· 휘 연의 자로 20세. 배 재령이씨 합부

유적보감(遺蹟寶鑑)

▲ 구음재

22세 목사공 탁(鐸), 목사공의 숙부 판서공 언례(彦禮), 판서공의 자(子)로서 의주 호종공신이신 추담공(秋潭公) 휘 선(銑) 등 세분을 모신 사당.
유형문화재 제 234호
소요당 윤언례 선생이 후학들과 강학 수신하기 위해 1575년(선조8, 乙亥)에 창건하였으며, 동재(東齋) 육영재와 서재(西齋) 신추당을 좌우에 둔 ㄷ자형 평면을 이루는 맞배집으로 되어 있다. 구음재 장판각에는 추담선생 문집 책판 및 구산선생 문집 책판 86매를 보존 관리하고 있으며, 추담집은 3권 2책이며 구산집은 2권 1책이다.

▲ 구음재 장판각

13. 소정공파(昭靖公派)

▲ 송강공 휘 장현(松岡公 章鉉)의 묘 · 구평마을 입구

▼ 파평윤시 열부 행적비
· 송치수의 처 · 구평마을 입구

유적보감(遺蹟寶鑑)

▲ 玉華書院(옥화서원)   · 소재 : 충북 청원군 미원면 옥화리
18세 晩遯菴公 諱 師晳(만둔암공 휘 사석)

▼ 숭현사

13. 소정공파(昭靖公派)

▲ 만둔암공 유허비
자는 중윤(仲胤). 참의공 휘 은(垠)의 차자

▲ 22世 휘 承任(승임)의 신도비

▼ 정충사 · 지방 유형문화재 2호
1686년(숙종12년, 丙寅)에 나라를 위해 충절을 다한 이들을 위해 촉석루 동쪽에 세움.
추담공 수(銖)의 종형인 22세 참판공 탁(鐸)을 임진왜란 순절공신으로 향사.

유적보감(遺蹟實鑑)

▲ 19世 溟隱公 諱 堭(명은공 휘 황)의 묘
· 소재 : 경북 영덕군 영덕읍 병곡면 강리2리(농골)

명은선생 신도비

13. 소정공파(昭靖公派)

▲ 登雲齋(등운재) 전경
· 윤황선생 배향

▼ 영모재
· 소재 : 경북 청송군 청송읍 금곡동(초막골)

유적보감(遺蹟寶鑑)

▲ 신계서당 재실

▲ 신계서당 중수기

13. 소정공파(昭靖公派)

▲ 노강서원

유적보감(遺蹟寶鑑)

▲ 宗學堂(종학당) 전경 · 소재 : 충남 논산시 노성면 병사리
최초의 학교식 교육을 실시한 사학의 대표적 교육기관

▼ 종학당 입구

13. 소정공파(昭靖公派)

▲ 종학당 강당

◀ **顯彰碑(현창비)** · 비석거리 공원
　파평윤공 덕병 종회장(德炳 宗會長)

유적보감(遺蹟寶鑑)

▲ 21世 承旨公 諱 暾(승지공 휘 돈)의 묘
· 소재 : 충남 논산시 광석면 득윤리
배 정부인 문화유씨

▼ 22世 參奉公 諱 昌世(참판공 휘 창세)의 묘
승지공 돈의 장자   배 정부인 淸州慶氏

13. 소정공파(昭靖公派)

▲ 龜山書院(구산서원)
· 소재 : 충남 논산시 부적면 교촌리(부엉이 마을)
충헌공(忠憲公) 전(烇), 용서공(龍西公) 원거(元擧), 동토공(童土公) 순거(舜擧)를 배향(配享)한 서원으로 훼철(毁撤)되었으나 현재 마을 입구에 신축중이다.

◀봉계선생 추모비
25세 봉계공 휘 유(諱 揄)

유적보감(遺蹟寶鑑)

▲ 내산서원 본관
· 소재 : 전남 영광군 불갑면 쌍운리 22-8
강항(姜沆)과 함께 순거(舜擧) 배향

▲ 龍溪祠(용계사)

13. 소정공파(昭靖公派)

▲ 덕포공재실 전경
· 소재 : 충남 논산시 광석면 득윤리
25世 휘 진(搢)을 배향. 호는 덕포(德浦)

▼ 영사당

유적보감(遺蹟寶鑑)

▲ 德浦公 諱 搢(덕포공 휘 진)의 묘

▼ 덕포선생 고택

13. 소정공파(昭靖公派)

▲ 八松公 諱 煌(팔송공 휘 황)의 묘
· 소재 : 충남 논산시 노성면 장구리
23세로 자는 덕요(德耀)이고 호는 팔송당(八松堂)으로 창세의 차자

▲ 반곡서원
· 소재 : 전북 전주시 동서학동1가 210
팔송 문정공(文正公) 윤황 선생을 배향
반곡서원의 창건 연대는 알 수 없고 1868년(고종5, 戊辰)에 대원군 서원 철폐령에 의해 훼철되었다가 1878년에 중건하였다. 문정공 윤황, 시습재 이영선, 육곡 서필원을 배향하고 있으며 특히 팔송 윤황은 척화(斥和)의 신(臣)을 자기 혼자로 하여 청나라에 잡혀가기를 바라는 상소를 올리기도 한 강직한 문신.

유적보감(遺蹟寶鑑)

▲ 忠憲公 諱 烇(충헌공 휘 전)의 祠宇(사우)
· 소재 : 충남 공주시 계룡면 유평리
조선조 1636년(仁祖14, 丙子)병자호란때 강화도에서 전사한 충헌공 선생의 위패를 모신 사당이다.

▲ 贈貞敬夫人 公州李氏 旌閭(증정경부인 공주 이씨 정려)
황(煌)의 5자인 24세 문경공(文敬公) 선거(宣擧)의 처(妻)

108 · 파평(坡平)윤(尹)씨이야기

13. 소정공파(昭靖公派)

▲ 윤증 선생 고택 · 중요 민속자료 190호
· 소재 : 충남 논산시 노성면 교촌리
호 명재(明齋), 자는 자인(子仁)이고 시호(諡號)는 문성(文成), 노성향교와 나란히 남향으로 배치

▼ 성모당 · 유봉영당내

유적보감(遺蹟寶鑑)

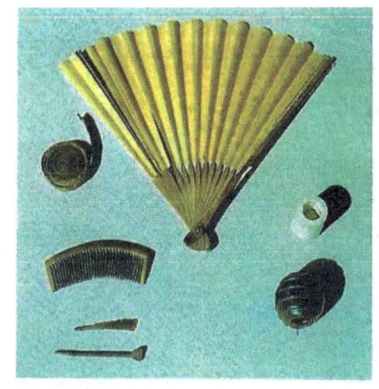

▲ 명재 윤증선생 유품

조선시대 문신 윤증의 유품과 윤증가에서 종부에게 물려온 전래품.
· 중요민속자료 제 22호.
충청남도 논산시 노성면 교촌리의 윤여창(尹汝昌)이 소장하고 있다.
윤증의 유품은 상부관 · 빗 · 빗치개 · 살쩍밀이 각 1점, 신 2쌍, 백목화(白木靴) 1쌍, 합죽선 1점, 윤증 초상화 2폭 등이며, 종부에게 내려진 전래품은 월자(月子) · 첩지 · 비녀 각 1점이다.

13. 소정공파(昭靖公派)

▲ 파평윤공 錫煥(석환)의 묘
· 소재 : 충남 논산시 노성면 병사리
상기(相麒)의 증손, 노병(魯炳)의 손자이시다.

▼ 彰信公 殷卿(창신경 은경)의 재실
소재 : 충남 논산시 연무읍 동산1동 347 행정마을

유적보감(遺蹟寶鑑)

▲ 죽고서당 전경
· 소재 : 경북 예천군 신풍면
만돈암공 휘 사석(師晳)의 향사와 공의 5대손 23세 죽호공 휘 섭(竹湖公 諱 涉)도 종향하고 있다

▲ 죽호공 유적비

▲ 참의공 영모비

13. 소정공파(昭靖公派)

▲ **옥병서원**　· 향토유적 제 26호
　· 소재 : 경기도 포천군 영평면
21세 죽재공(竹齋公) 휘 인함(仁涵)의 5세손 존성재공(存省齋公) 휘 봉양(鳳陽)의 종향소

◀ 옥병서원 신도비

유적보감(遺蹟寶鑑)

▲ 병계공 휘 봉구(屛溪公 諱 鳳九) 영정 〈한국명인초상대감〉에서.

13. 소정공파(昭靖公派)

▲ 노강서원 /산중재

26세 병계공 휘 봉구 배향-자는 서응(瑞膺), 호는 병계(屛溪) 또는 구암(久菴)이며 시호는 문헌(文獻)으로 호조참판 비경(飛卿)의 손자.
소재 : 경북 고령군 다산면 송곡2리
1692년(숙종18, 壬申)에 세운 서원으로 26세 병계공 휘 봉구(屛溪公 諱 鳳九)를 배향하고 있으며 송시열, 권상하, 한원진, 송환기 선생도 함께 배향하고 있다.

유적보감(遺蹟寶鑑)

▲ 의사상덕비각
· 소재 : 경북 의성군 춘산면 빙계리(빙계계곡)
독립운동가, 둔산공 휘 은보(殷甫)

▼ 殉國先烈 尹履炳의 墓
· 소재 : 충남 논산시 노성면 병사리
배 해주오씨 부좌(祔左)

13. 소정공파(昭靖公派)

▲ 애국지사 윤태병 공적비
창세(昌世)의 4자 흡의 11대손으로 호는 창송(蒼松)

▼ 省齋(성재)윤이병 선생 사적비
(1885~1921) 독립운동가로 1968년 건국훈장 국민장 추서

유적보감(遺蹟寶鑑)

▲ 영원군 여임의 재실   · 1990년 건립

▼ 鈴原君 諱 汝任(영원군 휘 여임)의 묘
· 배 정부인 나주이시

14. 原平君派(원평군파)

충간공 승순(忠簡公 承順)의 차자이신 원평군 목(穆)을 중시조로 하고 있다.

● 유래

원평군파는 문현공 보(文顯公 珤)의 넷째 아들 양간공 안숙의 둘째 아들이 되는 영평군 척의 손자이고 충간공 승순의 둘재 아들이 되는 목(穆)을 중시조로 모시고 있다.

15世 목은 시조태사공의 14대손이 되시고 문숙공 관의 10대손이고 문강공 언이의 9대손이며 문현공 보의 현손이 되신다.

공께서는 조선조때 형님이 되시는 소정공과 함께 태종을 왕위에 오르게 하는데 공을 세워 좌명공신(佐命功臣)이 되고 원평군에 봉군되시어 그 의 후손들을 원평군파라 부르고 있다.

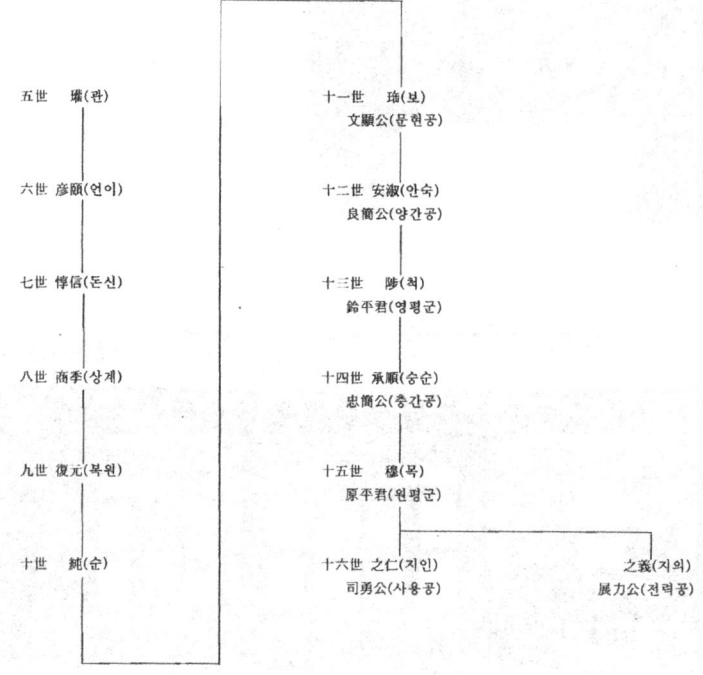

유적보감(遺蹟寶鑑)

◀ 충간공 승순의 신위
· 소재 : 경기도 파주시 법원읍 웅담리
　　　　상서대 추원단

▼ 원모재
· 소재 : 경남 진주시 집현면 신당리 죽산마을
중시조 원평군 휘 목(原平君 諱 穆)과 원평군의 자 사용공 지인(司勇公 之仁)을 배향하고 있는 재실(15세)

14. 원평군파(原平君派)

▲ 창렬사 입구 전경
· 소재 : 경남 진주시 남성동 진주공원내

◀ 전파문
　창렬사 입구

◀ 창렬사 중간문

유적보감(遺蹟寶鑑)

15. 昭度波派(소도공파)

● 유래

　소도공파는 문헌공 보의 넷째 아들 양간공 안숙의 둘째 아들 영평군 척의 손자이며 충간공 승순의 셋째 아들이 되는 향(向)을 중시조로 모시고 있다. 15世 향께서는 시조 태사공의 14대 손이 되시고 문숙공 관의 10대손이고 문강공 언이의 9대손이며 문헌공 보의 현손이 되신다.
　공께서는 세 분 아들을 두셨는데 셋째 아들 의간공 계동(懿簡公 季童)이 태종의 왕녀인 정신옹주에게 장가들어 부마가 되셨으므로 아버지인 향에게도 소도라는 시호가 내렸다. 공을 소도공이라 하고 그의 후손을 소도공파라 부른다.

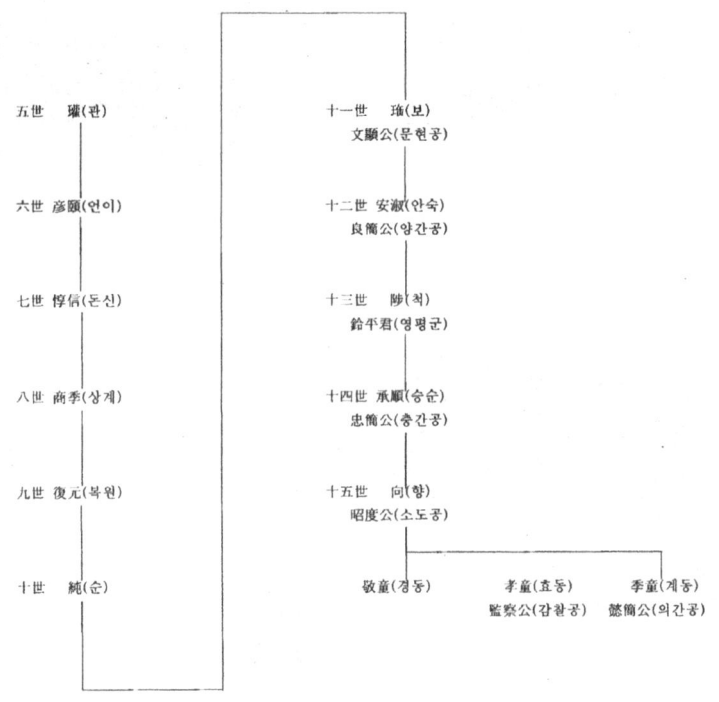

122 · 파평(坡平)윤(尹)씨이야기

16. 版圖公派(판도공파)=文忠公派(문충공파)

五世 瓘(관)
六世 彦頤(언이)
七世 惇信(돈신)
八世 商季(상계)
九世 復元(복원)
十世 純(순)
十一世 珤(보)
文顯公(문현공)
十二世 安淑(안숙)
良簡公(양간공)
十三世 陟(척)
鈴平君(영평군)
十四世 承禮(승례)
版圖公(판도공)

●유래

시조 태사공의 13대손이 되고 문숙공의 9대손이며 문강공의 8대손이 되시는 14世 승례(承禮)께서는 문강공의 셋째 아들인 양간공 안숙의 아들 영평군 척의 셋째 아들이 되신다.

공께서 고려때 판도사(版圖司)의 판서를 지내셨기 때문에 그의 후손들은 판도공파라 부르게 되었다. 나라가 고려에서 조선으로 바뀌고 공께서 세상을 떠나신 뒤 세조때 문충이라는 시호를 받게 되었다.

1983년 10월 문회(門會)에서 판도공의 공칭호를 시호로 고치자는 제학공파 원로들의 제의로 결정된 바 있다. 따라서 파 이름도 판도공파 대신 문충공파로 부르게 되었다.

공께서는 네분 아들을 두셨는데 장남인 규(珪)께서 보문각 대제학에 제수되셨으므로 그의 후손들을 판도공파의 제학공파라 부른다. 제학공 규는 슬하에 군수공 환(君守公 煥), 공간공 형(恭簡公 炯), 직장공 희(直長公 熺)의 세 아들을 두셨다.

둘째 아들인 보로(普老)께서 인수부윤(仁壽府尹)이 되셨으므로 그의 후손을 판도공파의 부윤공파로 부른다. 부윤공 보로는 참판공 수미(參判公 須彌), 부원군 태산(府院君 太山)의 두 아들을 두셨다.

셋째 아들인 전(瑱)께서는 좨주(祭酒) 벼슬을 했으나, 후사가 없으시다. 넷째 아들인 번께서는 시호를 정정(貞靖)으로 받으셨기 때문에 정정공으로 공칭하고 판도공파의 정정공파로 부른다. 정정공 번은 슬하에 큰 아들 이정공 사분(夷靖公 士盼), 둘째 아들 성안공 사균(成安公 士昀), 그리고 세조비 정희왕후(貞熹王后), 셋째 아들 양평공 사흔(襄平公 士昕)이 계시며 이외에도 딸 일곱분이 더 계신다.

정정공파에서는 큰 아들 이정공 사분의 증손녀가 중종비 장경왕후(章敬王后)가 되고, 셋째 아들 양평공 사흔의 현손녀가 역시 중종비 문정왕후(文定王后)가 되어 가문을 화려하게 빛냈다.

十五世	珪(규)	普老(보로)	瑱(전)	璠(번)			之威(지성)		
		府尹公(부윤공)		貞靖公(정정공)			司正公(사정공)		
十六世	煥 炯 熺	須彌 太山		士盼 士昀 士昕			明生 希壽 明壽 順		
	(환)(형)(희)	(수미)(태산)		(사분)(사균)(사흔)			(명생)(희수)(명수)(순)		
	郡守公 恭簡公 直長公	參判公 府院君		夷靖公 成安公 襄平公			司果公 司勇公		
	(군수공)(공간공)(직장공)	(참판공)(부원군)		(이정공)(성안공)(양평공)			(사과공)(사용공)		

유적보감(遺蹟寶鑑)

▲ 월오선생 사당 전경
· 소재 : 경북 달성군 구지면 응암3리(구 대포동)

▼ 월오정 전경   월오선생 휘 규 종향소

16. 판도공파(版圖公派 = 文忠公派)

▲ 월오정

▲ 모현정
1636년(인조14, 丙子) 사림이 박윤 선생, 박택 선생, 윤규 선생, 박정번 선생, 최여설 선생을 배향하고 춘추로 향사

유적보감(遺蹟寶鑑)

▲ 16世 恭簡公 諱 炯(공간공 휘 형)의 墓
· 소재 : 경기도 양주군 주내면 산북리
파성부원군(坡城府院君), 제학공 규(珪)의 자
배 정경부인 청주곽씨(配 貞敬夫人 淸州郭氏)

▲ 坡城君 贊(파성군 찬)의 묘

16. 판도공파(版圖公派 = 文忠公派)

▲ 호남사 전경
· 충북 유형문화재 제160호(1987년)
· 소재 : 충북 청원군 북이면 내추리
공간공 휘 형(恭簡公 諱 炯)을 불천지위(不遷之位)로 봉안하였고, 경내의 영당에는 문숙공의 영정(1987년 충북 유형문화재 제160호로 지정)이 봉안되어 있다.

▲ 호남사

유적보감(遺蹟寶鑑)

◀ 윤관장군 전공 추모비

▼ 세덕사

16. 판도공파(版圖公派 = 文忠公派)

▲ 호남사 비 전경 · 호남사 뒤

▲ 참정공 휘 성남의 묘
 · 21世로 자(字)는 신백(信伯)

유적보감(遺蹟寶鑑)

▲ 서암정
· 소재 : 경북 영천군 화산면 덕산리
17세 목사공 구산(龜山)의 삼자 감찰공 래손(來孫)의 후손이 임진왜란 당시 하야해서 서암정을 짓고 후손을 교육.

▲ 判官公 諱 汝翼 忠臣閣(판관공 휘 여익 충신각)
· 소재 : 충북 보은군 마로면 한중리 402
조중봉에게 수학하였고 금산싸움에 참가하여서는 중과부족으로 마침내 중봉선생과 함께 순사(殉死)하였다. 예조의 주청에 의하여 1883년 12월 19일에 정려를 세우고 목재 및 목공은 나라에서 부담하고 그 자손에게는 모든 부역과 세금을 면제해 주었다.

16. 판도공파(版圖公派 = 文忠公派)

▲ 화남재(花南齋)전경 · 문숙공 영정 봉안
· 소재 : 경북 예천군 유천면 화지리

▲ 孝友閣(효우각)
· 소재 : 경북 예천군 유천면 화지리 50
필경(弼敬)과 그의 조카 치각(致珏)·치락(致樂) 형제의 효(孝)와 의(義)를 기리기 위해 고종(高宗)이 정려(旌閭)를 내림

유적보감(遺蹟寶鑑)

▲ 永慕壇 全景(영모단 전경)
· 소재 : 경기도 파주시 법원읍 법원2리 온양동

14세 판도공 휘 승례(版圖公 諱 承禮)를 비롯하여 4代 5位의 묘소가 이북에 있으므로 후손들이 법원리 온양동에 설단(設壇)하여 봉사(奉祀)하고 있다.

16. 판도공파(版圖公派 = 文忠公派)

◀ 永慕壇 記念碑(영모단 기념비)

▼ 永慕壇 設壇(영모단 설단)
1975년 10월 경기도 파주군 천현면 직천리에 설단하여 8위를 봉사(奉祀)하였으나 군수 용지가 되어 현위치로 옮겨 설단하면서 6위를 봉사하고 있다. (版圖公 承禮, 府尹公 普老, 參判公 須弼, 府院君 太山, 監司公 岑, 府事公 巖)

파평(坡平) 윤(尹)씨이야기 • 133

유적보감(遺蹟寶鑑)

▲ 22세 月潭公 毅立(월담공 의립) 〈산수도〉
국립중앙박물관 소장

16. 판도공파(版圖公派 = 文忠公派)

▲ 22세 鶴山公 貞立(학산공 정립)의 〈관폭도〉
국립중앙박물관 소장

유적보감(遺蹟寶鑑)

▲ 성재암
· 소재 : 경기도 파주시 와동리

정정공 휘 번(貞靖公 諱 璠)의 재실(齋室)로 세조비(世祖妃) 정희왕후(貞熹王后)가 모셨던 목조불상을 봉안(奉安)하고 있다.

◀ 성재암 목조불상

16. 판도공파(版圖公派 = 文忠公派)

▲ 15世 貞靖公 諱 璠(정정공 휘 번)의 묘
자는 온지(溫之)로 세조의 장인이며.

◀ 정정공 신도비(舊)

유적보감(遺蹟寶鑑)

▲ 흥령부 대부인 묘지명   貞熹王后 筆

정정공(貞靖公) 휘 번(璠)의 배위 흥령부 대부인 인천이씨의 묘지명(墓地銘)으로, 2000년 봄에 정정공 산소 정리 작업중 새로 발견된 것으로 역사적으로 그 의미가 매우 큰 것으로 사려되고 있다 (정정공 후손 윤훈덕님이 발견).

16. 판도공파(版圖公派 = 文忠公派)

▲ 17世 坡陵君 諱 甫(파능군 휘 보)의 墓   · 諱 사균의 자(子)
　· 배 정경부인 전주이씨(配 貞敬夫人 全州李氏)

▲ 16世 襄平公 諱 士昕 墓(양평공 휘 사흔 묘)

파평(坡平) 윤(尹)씨이야기 · 139

유적보감(遺蹟寶鑑)

▲ 忠烈祠(충렬사)

· 소재 : 부산시 동래구 안락1동 838

임진왜란시 왜적과 싸우다 순국하신 선열을 모신 사당(祠堂)이다. 이 본전(本殿)에는 부산 지역에서 전사한 선열(先烈) 22위(位)와 동래부(東萊府), 부산진(釜山鎭), 다대진(多大鎭)등에서 순절한 무명용사 4위(位)의 위패를 모시고 있다.

▼ 僉使公 諱 興信(첨사공 휘 흥신)의 神位(신위)

▲ 參判公 諱 興悌(참판공 휘 흥제)의 神位(신위)

16. 판도공파(版圖公派 = 文忠公派)

▲ 18世 判官公 頊(판관공 옥)의 묘
· 휘 사흔(諱 士昕)의 손자

◀ 19世 靖平公 諱 之任(정평공 휘 지임)의 墓
중종계비(中宗繼妃) 문정왕후(文定王后)를 낳으셨다.
배 대부인 전의이씨 (配 大夫人 全義李氏) 합편

파평(坡平)윤(尹)씨이야기 • 141

유적보감(遺蹟寶鑑)

▲ 20世 司評公 諱 元凱(사평공 휘 원개)의 墓
· 휘 지임(諱 之任)의 장자. 배 영인 여주이씨(配 令人 驪州李氏) 합폄

▼ 20世 參判公 諱 元弼(참판공 휘 원필)의 墓
· 휘 지임(諱 之任)의 3자

16. 판도공파(版圖公派 = 文忠公派)

◀ 20世 都正公 諱 元老 (도정공 휘 원로)의 墓

· 휘 지임(諱 之任)의 4자

▲ 20世 瑞原君 諱 元衡(서원군 원형)의 묘
· 휘 지임의 자로, 중종의 계비인 문정왕후(文定王后)의 동생이다.

유적보감(遺蹟寶鑑)

17. 小府公派(소부공파)

● 유래

시조 태사공의 11대손이 되고 문숙공의 7대손이고 문강공의 6대손이 되는 암(諳)께서는 문강공의 셋째 아들 시랑공 돈신의 후손으로 11世 문현공 보의 다섯째 아들이 된다.

공께서는 고려때 소부시(小府時)의 윤(尹)벼슬을 하셨으므로 그의 후손들을 소부공파라 부르고 있다.

공은 슬하에 아들 두분을 두셨는데 큰 아들 주보(周輔)께서 영윤 벼슬을 하셨으므로 그 후손들을 소부공파의 영윤공파라 부른다. 둘째 아들 해(侅)께서 고려때 전법사(典法司)의 판서를 지내셨으므로 그의 후손들을 소부공파의 판서공파로 부른다.

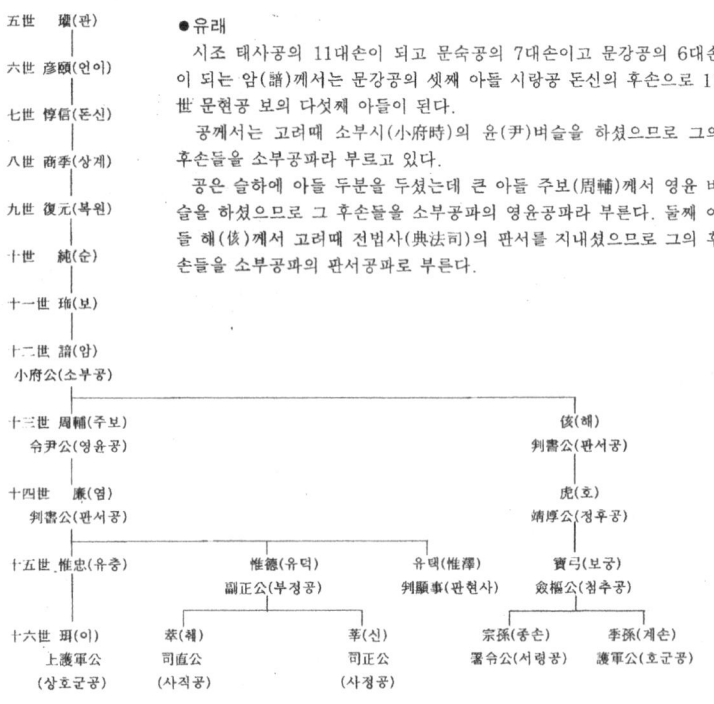

17. 소부공파(小府公派)

▲ 12世 少府公 諱 諳(소부공 휘 암)의 齋室(재실)
· 소재 : 경기도 파주시 문산읍 사목3리 (소부공단)

▼ 少府公 追遠壇(소부공 추원단)

유적보감(遺蹟寶鑑)

▲ 少府公 三神位(소부공 삼신위)

▲ 15世 府事公 寶弓 墓(부사공 보공 묘)

17. 소부공파(小府公派)

◀ 입은공 휘 렴 신도비

▼ 덕산재 · 판서공 제실 14세 휘 렴(廉), 호는 입은(笠隱)
· 소재 : 경남 진주시 대곡면 덕곡리(절골)

유적보감(遺蹟寶鑑)

▲ 栢隱齋(백은재)
· 소재 : 경남 함안군 가야읍 광정리 백산동
백산동 문중은 소부공의 6대손 상장공(岩)의 삼자 형은(亨殷)의 후손이 세거하시며 진주에 계신 영윤공, 판도공 이하 분묘를 수호하며 향사하고 있다.

▼ 栢山齋(백산재)
· 소재 : 경남 함안군 가야읍 백산동
19세 형은(亨殷)의 후손이 세거

148 · 파평(坡平)윤(尹)씨이야기

17. 소부공파(小府公派)

▲ 翠栢門(취백문)　·백산재내(內)

▲ 桐崗齋(동강재)
　·소재 : 경남 함안군 광정리 백산동

유적보감(遺蹟寶鑑)

▲ 외신재
· 소재 : 경남 창녕군 이천리 연곡마을
삼빙의 손자로 22세 지는 사원(士元)으로 사마공(司馬公) 휘 남룡(南龍)을 배향

▲ 귀후정

18. 太尉公派(태위공파)

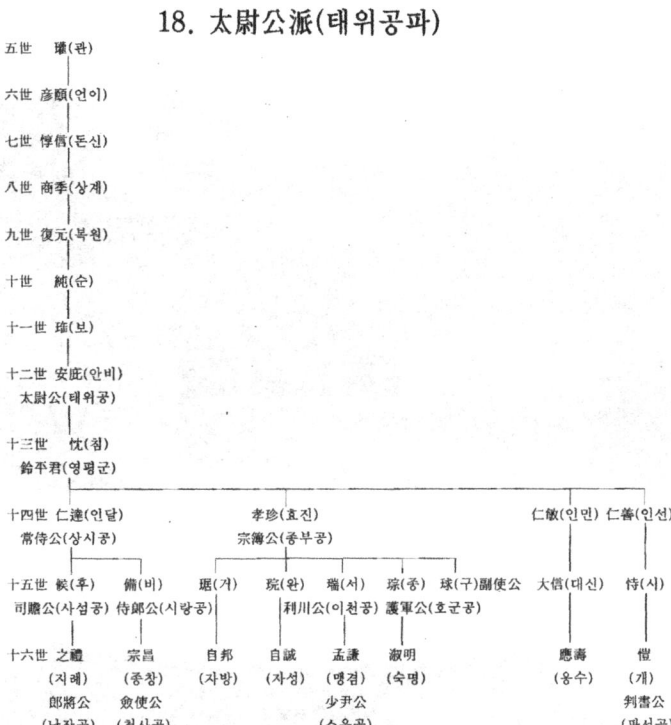

●유래

시조 태사공의 11대손이 되시고 문숙공의 7대손이고 문강공의 6대손이 되는 안비(安庇)께서는 문강공의 셋째 아들 시랑공 돈신의 후손으로 11世 문헌공 보의 여섯째 아들이 되신다.

공께서는 고려때 삼공(三公)의 하나인 태위(太尉)가 되셨으므로 그의 후손들을 태위공파라 부른다. 태위는 사마(司馬) 또는 대위(大尉)로 불리는 삼공의 하나이며 정 1품적으로 임금의 자문에 응하는 벼슬이며 삼사(三師)와 더불어 국가 최고의 명예직이다.

공의 슬하에는 영평군 침(鈴平君 忱)의 한분 아들이 계시고, 손자는 네 분이다. 첫째 손자는 인달(仁達)이라 하며 좌산기상시(左散騎常寺)벼슬을 하였기 때문에 그의 후손들을 태위공파의 상시공파라 부른다.

둘째 손자는 효진(孝珍)이라 하며 종부시(宗簿寺)의 판사(判事)를 지내셨으므로 그의 후손들을 태위공파의 종부공파라 부른다.

셋째 손자는 인민(仁敏)으로 후사가 없다.

넷째 손자는 인선(仁善)이라 하며 상서성(尙書省)의 좌복야(左僕射) 벼슬을 하였으므로 그의 후손들을 태위공파의 복야공파라 부른다.

유적보감(遺蹟寶鑑)

▲ 太尉壇(태위단)전경
· 소재 : 충남 예산군 광시면 시목리
중시조 태위공이하 4세 5위를 모신 곳

▲ 인의문

18. 태위공파(太尉公派)

◀ 4위 추원단향비

태위공 휘 安庇(안비)의 신도비 ▶

유적보감(遺蹟寶鑑)

▲ 태위공 安庇(안비)의 신도비

▲ 태위공 안비의 신위(12세)

▲ 영평군 휘 침의 신위(13세)
· 안비의 자

▲ 상시공 휘 인달의 신위(14세)
· 침의 장자

18. 태위공파(太尉公派)

▲ 녹사공 휘 지중의 신위(16세)
· 후의 3자

▲ 대사성공 휘 간의 신위(17세)
· 지중의 자

▲ 사직공 휘 철석의 신위(18세)
· 간의 장자

유적보감(遺蹟寶鑑)

◀ 4위 추모단향비
· 소재 : 충남 예산군 광시면 가덕리

▲ 참의공 휘 승원의 묘(20세)
· 호군공 예(護軍公 禮)의 차자

18. 태위공파(太尉公派)

▲ 참판공 휘 宕(탕)의 재실
· 소재 : 충남 예산군 광시면 대리
파평윤씨광시종회(坡平尹氏光時宗會)

▼ 숭조원
· 재실 안쪽   윤길중 서체

유적보감(遺蹟寶鑑)

▲ 참판공 휘 탕 묘
· 참의공 휘 승원(承元)의 자로 21세

▼ 二友軒 諱 迪(이우헌 휘 적)의 묘
· 22세로 자는 사길(士吉)   · 소재 : 경북 고령군 다산면 나정1동 1번지

18. 태위공파(太尉公派)

▲ 追遠壇(추원단) 전경
· 소재 : 경기도 연천군 백학면 노곡2리

◀ 追遠壇碑(추원단비)   전면

유적보감(遺蹟寶鑑)

▲ 신야정사
· 소재 : 경북 영천군 금호읍 호남동
도호공 휘 기의 재실로 9형제가 수학하던 곳

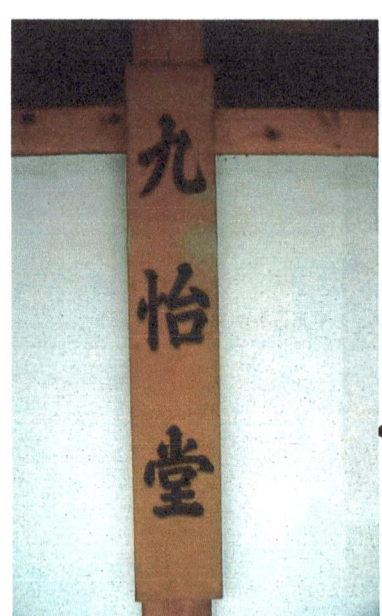

◀ 구이당

18. 태위공파(太尉公派)

▲ 삼효각 전경
· 소재 : 경북 영천군 금호읍 호남동
휘 필성과 그의 자 태신·태영의 삼효자비

▼ 삼효자비

유적보감(遺蹟寶鑑)

▲ 校理公(교리공) / 孝誠公(효성공) 산소 전경　(좌) 교리공 산소 (우) 효성공 산소
· 소재 : 경기도 연천군 백학면 노곡2리305

▼ 교리공 이하 산소 전경

18. 태위공파(太尉公派)

▲ 16世 校理公 諱 惇(교리공 휘 돈)의 墓
· 소재 : 경기도 연천군 백학면 노곡2리 305번지

▲ 교리공 묘비

▲ 교리공 묘비명

유적보감(遺蹟寶鑑)

▲ 府使公 諱 繼興(부사공 휘 계흥)의 묘
· 교리공의 子(자)로 17세(世)

▲ 18세 참판공 휘 晳(석)의 묘
· 휘 계흥의 子로 字는 희묵(希默), 號는 한송(寒松)

18. 태위공파(太尉公派)

▲ 19세 군수공 휘 仁復(인복)의 묘
  · 휘 석의 2자

▲ 文翊公(문익공) 휘 태흥의 묘
  · (1841~?) 종성(宗成)의 子

파평(坡平)윤(尹)씨이야기

유적보감(遺蹟寶鑑)

▲ 孝誠公 諱 仁鏡(효성공 휘 인경)
· 1476(성종7, 丙申)~1548(명종3, 戊申) 자는 경지이며 부사정(副司正) 후(昫)의 子

▲ 효성공 재실

19. 梅軒 尹奉吉 義士(매헌 윤봉길 의사)

▲ 梅軒 尹奉吉 義士像(매헌 윤봉길 의사상)
 · 소재 : 서울시 서초구 양재동 236 (시민공원)
(1908~1932) 본명 우의(禹儀)

유적보감(遺蹟寶鑑)

▲ 梅軒 紀念館(매헌 기념관)

· 1987년 국가에서 건립

19. 매헌 윤봉길 의사(梅軒 尹奉吉 義士)

▲ 尹奉吉 義士 崇慕碑(숭모비)

▼ 의사 윤봉길 묘
· 소재 : 서울시 용산구 효창동 효창공원

유적보감(遺蹟寶鑑)

▲ 三義士 墓(삼의사 묘)
· 소재 : 서울시 용산구 효창동 효창공원

조국광복(祖國 光復)을 위해 몸바친 이봉창(李奉昌), 윤봉길(尹奉吉), 백정기(白貞基) 삼의사를 모신 묘역으로 1946년 김구 선생의 주선으로 봉안(奉安)하여 안장(安葬)되었다.

▼ 殉國先烈 追念塔(순국선열 추념탑)
· 윤봉길 의사와 순국선열을 추모
· 소재 : 서울시 서대문 독립공원

19. 매헌 윤봉길 의사(梅軒 尹奉吉 義士)

梅軒 事蹟址(매헌 사적지)
· 국가 문화재 229호
· 소재 : 충남 예산군 덕산면 시량리

▲ 忠義祠(충의사)
· 소재 : 충남 예산군 덕산면 시량리
매헌 윤봉길 의사 존영 봉안(尊影 奉安)
1968년 국가에서 건립, 1972년 사적 제229호로 지정

유적보감(遺蹟寶鑑)

▲ 충의사 표석　　　　　　▼ 충의관

19. 매헌 윤봉길 의사(梅軒 尹奉吉 義士)

▲ 매헌 윤봉길 의사 사적비

유적보감(遺蹟寶鑑)

▲ 윤봉길 의사 동상

19. 매헌 윤봉길 의사(梅軒 尹奉吉 義士)

▲ 윤봉길 의사 의거 기념탑

유적보감(遺蹟寶鑑)

◇ 윤봉길 의사 유품

· 독립운동가 윤봉길의 유품들로 보물 제 568호(13종 68점)
(1)선서문 1점 : 1932년 한인애국단에 입단할 때 자필로 쓴 선서문
(2)윤봉길의 이력서 및 유서 각 1점 : 한인애국단에 입단할 때의 이력서 및 유서
(3)회중시계 1점 : 상해 홍커우 공원(虹口 公園)으로 거사를 위해 떠나는 날 김 구와 마지막으로 작별할 때 정표로 서로 바꾸어 가졌던 물건.
(4)지갑과 중국 화폐(지갑 1점, 화폐 10점) : 거사 때 소지한 것.
(5)윤봉길인(印) : 작은 사각의 뿔도장으로 "尹奉吉印"이라 새겨져 있다.
(6)손수건 : 42×42cm의 백색 면직 수건
(7)안경집 : 거사 때 갖고 있던 것으로 당시에는 안경이 있었으나 집만 남았다.
(8)일기 : 윤봉길 의사의 21세 때의 일기
(9)月進會 創立趣旨書(월진회 창립취지서) : 부흥원에서 농촌 부흥운동을 전개하면서 1927년 월진회를 창립할 때 그 뜻을 밝힌 자필 12매의 글로서 붓으로 쓰여져 있다.
(10)農民讀本(농민독본) : 농민계몽으로 민족정신과 자주독립 정신을 일깨우는 내용을 담고 있다. 본래 3권이었으나 현재 2권만이 남아 있다.
(11)형틀대 1점 : 1932년 12월 19일 윤봉길의사가 사형을 당할 때 묶인 것이며 길이 160cm로 의사의 묘에서 나온 것이다.
(12)편지4점
(13)월진회 통장 등 13종이다.
이 유품 중 (1) (2)는 국가소유로 장서각(藏書閣)에 소장되어 있고 (3)~(12)는는충남 예산군 덕산면 시량리 윤 종(尹 淙)이, (13)은 서울 동작구 노량진동 윤남의(尹南儀)가 각각 소장하고 있다.

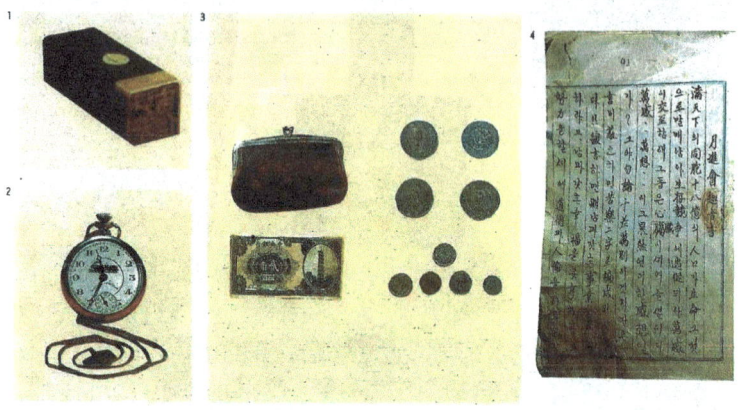

19. 매헌 윤봉길 의사(梅軒 尹奉吉 義士)

▲ 光顯堂(광현당) · 윤의사가 출생한 집의 당호(堂號)로, 1908년 윤황(尹璜)공의 장남으로 출생
· 소재 : 충남 예산군 덕산면 시량리(도중도)
이곳은 사방으로 냇물이 둘러 있으므로 의사께서 후일 도중도(島中島)라 이름하고 왜놈의 발길이 닿지 않는 곳이라 하여 이곳에서 온갖 시름을 달래며… 1974년 정부에서 중수.

▼ 광현당 매헌 유허비

파평(坡平)윤(尹)씨이야기 • 177

유적보감(遺蹟寶鑑)

▲ 애국지사 尹炳球(윤병구)의 묘
· (1881~1949) 경기도 양주 출신. 일명 병구(炳求)
  1977년 건국훈장 국민장 추서

▼ 순국선열 尹炳球(윤병구)의 묘
· 1962년 건국훈장 국민장 추서

19. 매헌 윤봉길 의사(梅軒 尹奉吉 義士)

▲ 순국선열 尹世茸(윤세용)의 묘 · (1868~1940)경남 밀양 출신. 호는 백암(白菴)
· 1962년 건국훈장 국민장 추서

▼ 애국지사 尹益善(윤익선)의 묘 · (1872~1946) 함북 주을 출신
· 1962년 건국훈장 국민장 추서

유적보감(遺蹟寶鑑)

▲ 순국선열 尹俊熙(윤준희)의 묘 · (1892~1921) 함북 회령 출신
· 1963년 건국훈장 국민장 추서

▼ 尹東柱 詩碑(윤동주 시비)
· 소재 : 서울 서대문구 신촌동 연세대학교

19. 매헌 윤봉길 의사(梅軒 尹奉吉 義士)

▲ 시비 전면

▼ 시비후면

종사보감 宗史寶鑑

파평윤씨 총람(坡平尹氏 總攬)

第 一 章
파평윤씨 총람(坡平尹氏 總攬)

第 一 節
파평윤씨의 연원(坡平 尹氏의 淵源)

1. 윤 성 (尹 姓)

(1) "윤"성의 내력("尹"姓의 來歷)

윤씨(尹氏)는 이제까지 「10본(本)」이 전하고 있는데 해평(海平)·무송(茂松)·칠원(漆原)을 제외하면 거의 파평(坡平)에서 분적(分籍)되었다고 한다.

태사공(太師公) 신달(莘達)을 시조(始祖)로, 5대손 관(瓘)이 윤문(尹門)을 대내외로 빛나게 하였으며 제왕세기(帝王世記)에 의하면 삼황(三皇)중의 한 사람인 황제(黃帝)의 아들 소호금천씨(小昊金天氏)가 그의 둘째 비(妃) 소생 아들 반(般)을 궁정(弓正 : 관직명)으로 삼고 웅주의 윤성(尹城)을 봉하였는데, 그 후손이 윤성(尹城)의 윤자(尹字)를 따서 성(姓)으로 삼으니 이로써 윤성(尹姓)이 만들어졌다고 전한다. 또한 일설에는 고대 중국의 재상이라는 뜻을 가진 경윤(卿尹)의 윤자(尹字)를 따서 윤성(尹姓)이 되었다고 한다. 만성통보에 의하면 요나라의 후손이 범(范), 윤(尹), 당(唐), 위(韋), 유(劉)의 다섯 성으로 분파 되었다고 하며 금영천백련기에 따르면 이윤(伊尹)의 자손이 이(伊), 신(莘), 윤(尹), 형(衡)의 네개 성으로 분파되었는데 그 중에서 윤씨만이 가장 뚜렷한 성씨로 사기에 남아있다.

시전(詩傳), 맹자(孟子), 장자(莊子) 및 사기(史記)에 윤성을 지닌 인물들이 등장하는 것을 보면 중국에서 윤성의 연원(淵源)이 유원(悠遠)하다는 것을 알 수 있다.

요순시대(堯舜時代)에는 윤수(尹壽)라는 명인(名人)이 요순지사(堯舜之師)로 알려져 있고, 은탕시(殷湯時)에는 윤해(尹諧)라는 인물이 있었으며, 주나라 사람으로는 윤길보(尹吉甫)라는 현신(賢臣)이 있었고, 이밖에 맹자, 사기등에는 윤사(尹士), 윤공지타(尹公之他), 윤제(尹齊), 윤탁(尹鐸) 및 윤번(尹藩)등의 인물 이름이 나온다.

또한 춘추전국시대의 제자백가중에는 윤문(尹文)과 윤희(尹喜)의 두 학자가 있는데, 이 두 학자는 모두 노장사상(老莊思想)을 이어받거나 이에 영향을 준 인물로 알려져 있는데, 여기서 우리는 우리 문숙공의 자(同玄)와 호(默齋)가 노자철학과 연관성이 있다는 점에 관심을 갖지 않을 수 없다. 즉 문숙공의 자인 「同玄」은

종사보감(宗史寶鑑)

노자도덕경에 나오는 「玄同」이라는 문귀를 앞뒤로 바꾸어 놓은 것으로 볼 수도 있는데 「玄同」이란 자기의 재능이나 지력(知力)을 내세우지 않고 피차의 구별없이 하나로 어울린다는 뜻이다. 또 문숙공의 호「默齋」를 보더라도 도덕경에 「불언지교(不言之敎)」라는 말이 나오는데 성인은 무위(無爲)의 세계에 몸을 담고, 가르침을 주는 때에도 묵묵한 가운데 말로써 일일이 표현하지 않는다는 노자의 불언지교(不言之敎)를 연상케 한다. 국가에 큰공을 세우셨음에도 그것을 내세우지 않으시고 간신배에 현혹된 왕명에 순종하신 문숙공의 천품이 공의 자와 호를 통해서도 나타나 있는 것으로 생각된다. 한국의 윤성(尹姓)을 살펴보면 우리 시조이신 태사공(諱 : 莘達)만이 신라말기로부터 고려초에 걸쳐 이 나라 정사(正史)에 뚜렷한 사적과 공훈을 남기신 두드러진 위인으로 나타나 있으시다. 신라말기에는 태사공 이외에도 윤성을 지닌 몇 명 인물들이 삼국사기, 삼국유사 및 고려사에 등장하나 고려 태조로부터 벽상삼한익찬공신(壁上三韓翊贊功臣)이라는 호(號)를 받으시고 삼중대광태사(三重大匡太師)라는 관직에 이르시어 직제상 최고의 예우를 받으신 분은 우리 태사공 한 분이시다.

태사공께서 득성(得姓)하신 연유에 관해서는, 옛부터 종중에 전해오는 보첩 및 그 밖의 문헌에 의하면, 태사공께서는 신라 진성왕 7년(서기 893년) 음력 8월 15일 파주 파평산(坡洲 坡平山) 아래 용연(龍淵)에 떠오른 옥함(玉函)에서 나오셨는데 그 옥함을 건져낸 윤씨노파의 성을 따라 윤성(尹姓)이 되시었다고 전하나 또 다른 문헌에 따르면 옥함 자체에 윤자(尹字)가 새겨져 있었기 때문에 윤성(尹姓)이 되었다고 하며, 또한 옥함에서 나오실 때 그 어른의 손바닥에 '尹'이라는 글씨가 뚜렷이 나타나 있었다고도 전한다.

삼국사기에는 윤빈(尹邠)이라는 인명이 보이고 삼국유사에서는 윤경(尹卿)이라는 이름이 나오는데 이들은 신라말에 고려 태조와 싸워 패한 후백제의 무인(武人)으로 되어있다.

후삼국 동란기의 인물로는 윤선(尹瑄), 윤봉(尹逢) 및 윤전(尹全) 등이 고려사에 보이는데, 윤선(尹瑄)은 처음 궁예의 장수로 있었으나 배하(配下)의 군졸을 이끌고 북변으로 도망갔다가 태조가 나라를 세운 후 고려로 돌아왔다. 윤봉(尹逢)은 고려 태조의 공신으로 관직이 내사령(內史令)까지 이르렀고, 윤전(尹全)은 태봉(泰封)의 군인이었으나 무실(無實)의 죄로 궁예에게 잡히었다가 태조에 의해서 구출되었다고 전한다. 이밖에도 윤성(尹姓)을 가진 신라 말의 인물들이 야사(野史) 또는 몇몇 성씨의 가승(家乘)에 등장하고 있으나 정사(正史)에는 그 이름이 보이지 않는다.

아무튼 윤성(尹姓)을 지닌 신라말기의 다른 인물들이 거의 당대에 그치고 그 후손이 알려져 있지 않은 것과는 달리 태사공께서는 우리 종문(宗門)의 비조(鼻祖)가 되시어 계계승승 천여년에 걸쳐 한결같이 빛나는 유방(遺芳)을 남기시어 대대로 명공거경(名公巨卿), 대유석학(大儒碩學)을 배출케 하시고 오늘날 백만이 넘는 동방의 일대 거족을 이루게 하시었으니 참으로 장하신 일이라 하지 않을 수 없다.

(2) "윤"자("尹"字)의 뜻

중국 최고(最古)의 자전(字典) 설문해자(說文解字)에 의하면, 우리 성씨인 "윤"자는 又와 ノ을 복합시킨 지사문자(指事文字)로서 又는 손(手)을 뜻하고 ノ은 사물을 지칭하며 이 둘을 합하면 "손아귀에 정사를 장악한다"는 뜻이 된다.

이리하여 "尹"字는 다스릴 윤(治也), 바를 윤(正也), 거느릴 윤(主也), 맏 윤(昆也), 믿을 윤(信也), 성실한 윤(誠也), 벼슬 윤(官也)들의 여러 뜻으로 파생되게 된 것이다.

손아귀에 쥔 사물에 대해서는 예복을 입고 조견(朝見)할 때 오른손에 쥐던 홀(笏) 또는 치자(治者)가 쥐는 붓(筆), 그리고 아버지가 들고 있는 단장(短杖) 등등 여러 설(說)이 있다. 또 고대 중국에는 신지관계통(神祇官系統)의 관직에 작책(作冊), 내사(內史) 등이 있어 그 장관을 윤이라고 호칭한 것으로 보아 "尹"이란 그 옛날 수령(受靈) 신탁(神託)의 예의를 담당하는 성직자로서 그 손에 쥔 것을 "신장(神杖)"이라고 보는 설도 있다.

"尹"字의 뜻을 담은 자로서는 「伊」와 「君」이 있는데, 伊는 다스린다는 뜻을 가진 윤자(尹字)와 「人」을 합하여 "天下를 다스리는 聖人"이라는 뜻을 갖게 되었고, 「君」은 「尹」자와 口자의 합자로서 백성들에게 호령하면서 다스리는 천자, 군주, 제왕(帝王)등의 뜻을 갖는다.

은(殷)나라 때에는 탕(湯)왕의 정승으로 천하를 잘 다스렸다는 이윤(伊尹)이라는 인물이 있었는데 서전(書傳)에는 이윤이 지었다는 이훈(伊訓)이라는 글이 남아 있다.

「尹」字가 들어있는 벼슬이름도 상당수 있는데 고대 중국에서는 재상을 영윤(令尹 - 論語·左傳·史記) 또는 경윤(卿尹 - 晋書)이라고 불렀으며 이밖에 윤인(尹人 - 書傳)은 백관제후(百官諸侯)의 장(長), 윤백(尹伯 - 書徑)은 장관(長官), 잠윤(箴尹 - 左傳)은 간관(諫官)의 뜻으로 사용했었다. 우리 세보에도 영윤〈令尹 - 논어(論語)·좌전(左傳)·사기(史記)〉이라는 관명(官名)이 나오는데 소부공(小府公)의 아드님이 바로 영윤공(令尹公 : 周輔)이시다.

그런데 3천년전의 작품까지도 수록되어 있다는 시경(詩經)의 소아절남산편(小雅節南山篇)에 「윤씨태사 유주지씨(尹氏太師 維周之氏) - 태사 윤공은 우리나라의 기둥주춧돌」이라는 문귀가 있는 것을 보면 중국에서 윤성(尹姓)의 연원(淵源)이 매우 유구(悠久)하다는 것을 짐작할 수 있겠다.

종사보감(宗史寶鑑)

2. 관향연혁록(貫鄕沿革錄)
(1) 윤씨분관의 개관(尹氏 分貫의 槪觀)

관향(본관)이란 한 인물의 출생지 지명을 따서 부르게 되는데 일반적으로 자기 마음대로 본관을 정하는 것이 아니라 나라에 큰공을 세운 신하가 있을 때 왕이 본관을 내리면(賜本 = 사본) 본래 사용하던 관향 대신 그 후손은 새 본관을 사용 하였다. 현재 윤씨성을 가지고 있는 사람중 관향의 종류가 수십에 이르고 있으나 대체적으로 무송윤씨, 칠원윤씨, 해평윤씨를 제외한 나머지는 파평윤씨에서 분적 되었다는 설이 있으나 확실하지는 않다.

① 남원윤씨(南原尹氏)

문숙공(文肅公)의 아드님 7형제중 장자이신 지후공(祗侯公) 언인(彦仁)의 손자 이신 벽송거사(碧松居士) 위(威)께서 고려 신종 때 사업(司業) 벼슬로 염찰(廉察) 이 되시어 남원지방에 창궐하는 도적 떼를 위덕(威德)으로 평정(平定)하시어 왕이 그 공(功)을 높이 평가하여 남원백(南原伯)으로 봉하시고 「남원」이라는 사본(賜 本)을 내리셨다.

공의 증손이 네 분 이셨는데 그중 둘째(祗候公 英贄), 셋째(文景公 莘甲) 그리고 넷째(縣令公 莘乙)분의 후손들이 파평에서 분적하여 남원윤씨로 본을 삼고 있으며 1959년도 간행한 파평윤씨 대동보「기해종합보」에는 남원파로 합보(合譜)한 바 있다.

② 함안윤씨(咸安尹氏)

함안백(咸安伯) 돈(敦)은 시조로부터 10세(世) 이시며 8세(世) 남원백의 손자이 신데 함안 지방의 포악한 도적 떼들을 평정하신 공훈으로 함안백에 봉작되고 장 자(長子)의 후손이 함안을 본관으로 삼았다.

이와 같이 조손간(祖孫間)이 재차(再次)의 수본(授本)을 하게 되신 함안백께서 는 다행이 아드님 형제를 두신 관계로 장자 휘 희보(諱 希甫)만은 함안백을 따르 게 하였고 다음 삼형제는 자연히 남원본(南原本)을 계승하게 되어 각기 분파(分 派)됨에 이르렀다. 1959년도 발행한 파평윤씨 대동보「기해종합보」에는 함안파로 하여 합보(合譜)한바 있다.

③ 덕산윤씨(德山尹氏)

덕산군(德山君)은 시조로부터 9世이시며 문숙공의 다섯 째 아드님 복야공(僕射 公) 언식(彦植)의 증손이신데 휘(諱)는 은형(殷衡)이시다. 공은 부친 시랑공 종문 (宗文)을 따라 합문지후(閤門祗侯)로서 큰공을 세워 덕산군(德山君)으로 봉작되어 그 후손이 덕산을 본관으로 쓰고 있다.

그 후손 중에 영남의 거유(巨儒)로 유명하신 주부공(主簿公) 관(寬)이 파평과

파평윤씨 총람(坡平尹氏 總攬)

합보(合譜)할 의도로 원고작성까지 하였었으나 뜻을 이루지 못하였고 지금으로부터 160여년전에 영익(永益), 영은(永殷) 양인(兩人)은 파평의 영원군 행직대(鈴原君 行直台)를 찾아서 상호의 족보를 대조한 후 합보(合譜)키로 합의까지 보았으나 실행에 옮기지 못하다가 1959년「기해종합보」에 합보(合譜)하였다.

④ 신령윤씨(新寧尹氏)

문숙공의 증손이요 문강공의 손자이신 화산군(花山君) 인직(仁直)께서 서경의 조위총 반란을 토평(討平)하신 공으로 화산군(花山君)을 봉작 받으셨는데 공의 후손은 그로부터 신령윤씨(花山은 新寧의 옛 地名임)라고 하였다. 보계(譜系)가 부합되므로 합보(合譜)하였다.

⑤ 양주윤씨(楊州尹氏)

창화백(昌化伯) 숭(崇)은 시조로부터 16世이시며 전의공(典儀公) 승휴(承休)의 손자이신데 공께서 고려 말에 창화백(昌化伯)에 봉해 지셨으므로 그 후손은 양주로 본관을 삼고 있다.

(2) 관향 파평의 연혁(貫鄕 坡平의 沿革)

파평산 아래 용연(龍淵)에서 오색운무(五色雲霧)가 자욱한 가운데 우리 시조 태사공께서 옥함을 타시고 강생(降生)하신 파주땅은 우리 백만종족의 영원한 고향이요 성지(聖地)가 아닐 수 없다.

삼국사기에 의하면 파평현(坡平縣)은 본래 고구려의 파해평사현(坡害平史縣)인데 이를 신라 경덕왕이 파평(坡平)이라 개명하여 내소군(來蘇郡) 속현으로 만들었다 한다. 고려사, 동국여지승람 및 파주읍지를 보면 그 후 고려 현종 9년(서기 1018)에 장단(長湍)현에 예속시켰고, 문종 17년(서기 1063)에 개성부(開城府)에 예속시켰으며, 예종(睿宗)때에 감무(監務)를 두었다. 또한 이곳에 있었던 서원군(瑞原郡)은 본래 고구려의 술이홀현(述爾忽縣)이었는데 신라에서 봉성(峯城)이라 고쳐서 교하(交河)현 속현으로 만들었고, 고려 현종 9년에 양주(楊州)에 예속시켰고, 명종(明宗)때 비로소 감무(監務)를 설치하였다.

조선 태조 2년(서기 1393년)에 이 곳 고을 아전과 백성이 호소함으로써 승격하여 서원군(瑞原郡)으로 만들었고, 태조 7년에는 서원과 파평을 합쳐서 원평군(原平郡)으로 만들었다.

태종조(太宗朝)에는 교하현(交河縣)을 없애고 이 고을에 예속시켰고, 태종 15년 천호(千戶)이상이 되어 도호부로 승격하였으며, 동 18년에 다시 교하현(交河縣)을 설치하였다.

세조 6년(서기 1460년)에 정정공 휘 번(貞靖公 諱 璠)의 따님이신 정희왕후(貞熹王后 : 세조비)의 관향이라는 이유로 승격하여 목(牧)으로 만들어 파주로 개명하였다. 연산군 10년(서기 1504년)에는 본주를 혁파하고 이 지역을 비워서 유행지소(遊幸之所)로 삼고, 나머지 지역은 이웃 고을에 나누어 붙였다. 그 후 중종 1년(서기 1506년)에 다시 파주목으로 복귀하였는데 문헌비고에 의하면 고종 32년(서기 1895년)에 이르러 군(郡)으로 고쳤다.

이 고을의 옛 군명(郡名)으로는 파해평사(坡害平史), 액봉(額蓬), 파평(坡平), 영평(領平), 술이홀(述爾忽), 봉성(峯城), 서원(瑞原), 원평(原平) 및 곡성(曲城)등이 있다.

동국여지승람이나 파주읍지에는 태사공을 비롯하여 우리 열선조의 유적들에 관한 많은 기록들이 있는데 특히 우리 시조 발상지인 용연(龍淵)<일명 가연(嘉淵), 속칭 윤씨택(尹氏澤)>을 위시해서 파평산(坡平山, 일명 미타산), 금강사(金剛寺), 미타사(彌陀寺), 웅담, 임진도(臨津渡), 분수원(焚修院) 및 상서대(尙書臺)가 고적명소로 설명되어 있다.

그리고 여지승람이나 파주읍지의 인물조(人物條)에는 이 고을 인물로서 먼저 태사공(太師公)을 위시해서 복야공(僕射公), 문정공(文靖公), 문숙공(文肅公), 문강공(文康公), 문정공(文定公)을 거쳐 양간공(良簡公), 영평군(鈴平君), 판도공(版圖公), 소정공(昭靖公), 평정공(平靖公 : 壤), 영상공(領相公 : 弼商)에 이르는 18代에 걸친 우리 열선조가 기록되어 있고, 그 다음으로 율곡 이 이(栗谷 李 珥), 우계 성혼(牛溪 成 渾), 하서 김인후(河西 金麟厚), 휴암 백인걸(休庵 白仁傑), 현석 박세채(玄石 朴世采)등의 인물이 실려 있다.

그런데 세종실록지리지를 보면 파주가 원평도호부(原平都護府)로 표시되어 있고, 인물로는 우리 문숙공 한 분만이 대표적으로 실려 있다. 여지승람이나 파주읍지의 능묘조(陵墓條)를 보면 이 고을의 명신묘(名臣墓)로서 먼저 문숙공 묘소가 기록되어 있고, 소정공 그리고 대제학공(鳳朝 = 昭靖公 11世孫) 묘소가 있으며, 그밖에는 율곡과 우계의 묘가 있다. 왕가의 능침으로는 공릉(恭陵 : 조선 예종비 능)과 순릉(順陵 : 조선 성종비능)이 있고 특히 파평산 서록에는 세종대왕의 별자(別子) 담양군(潭陽君)의 묘소가 있다고 전한다.

(3) 윤씨 분관표(尹氏 分貫表)

本 貫	始 祖	官 爵	時 代	備 考
坡 平	莘 達	統合三韓壁上功臣	高 麗	
海 平	君 正	司空左僕射	〃	※善山屬縣
※南 原	威	湖南按兼使南原伯	〃	파평에서 분적(8세)
漆 原	始 榮	太子太師	新 羅	
茂 松	良 庇	保勝郞將	高 麗	
※咸 安	敦	侍中咸安伯	〃	남원에서 分籍(10세)
海 南	存 富			
海 州	重 富	知中樞	朝 鮮	或補, 瑞興
醴 泉	忠	樞密副使	高 麗	
野 城	赫	野城君	〃	파평에서분적후환본(14세)
杞 溪	維 禎	閣門祗候	〃	
楊 州	崇	都僉議政丞	〃	
玄 風	輔 殷			
竹 山	挺 華	典客令		
高 敞	世 寶	隊長		
平 山	珝	軍器監		
永 川	璠	郡守	朝 鮮	
驪 州	達	忠州判官	〃	
※新 寧	自 任	承文院副校理	〃	파평에서 분적(16세)
※德 山	希 琯	樞密副使	高 麗	파평에서 분적(9세)
慶 州	統	戶曹參判	朝 鮮	
醴 泉	大 衡	監察	〃	
德 豊	汝 徵	府使		
守 安	明 義	三韓功臣內史令		
淸 州	就	縣監	朝 鮮	

* 표는 파평에서 분적한 것임.

종사보감(宗史寶鑑)

(4) 파평윤씨 세덕고(坡平尹氏 世德考)

일찍이 성군(聖君) 세종대왕(世宗大王)께서는 척지진국(拓地鎭國)의 위공(偉功)을 세우신 우리 문숙공(文肅公)을 칭송하시면서 『고려(高麗)때 대신(大臣)의 후손(後孫)으로서 파평윤씨(坡平尹氏)같이 번성한 가문(家門)이 없다』고 말씀하시었다.

돌이켜보건대 우리 시조(始祖) 태사공(太師公)께서는 고려태조(高麗太祖)를 도와 삼한(三韓)을 통합(統合)하시어 공신(功臣)이 되시었고, 삼중대광태사(三重大匡太師)로서 숭앙(崇仰)을 받으셨다. 문숙공(文肅公)께서는 예종(睿宗)때 대원수(大元帥)로 삼삼만대군(三十萬大軍)을 이끌으시고 여진(女眞)을 정벌(征伐)하시어 고구려(高句麗)의 옛 강토(疆土)에 9성(九城)을 쌓으신 다음 두만강(豆滿江)넘어 칠백리(七百里)땅 선춘령(先春嶺)에 고려경계비(高麗境界碑)를 건립(建立)하고 개선(凱旋)하심으로써 우리 민족(民族)에게 일찍이 없었던 승리(勝利)와 영광(榮光)을 안겨주시었다. 천유여년(千有餘年)이란 유구(悠久)한 세월(歲月)속에서 계계승승(繼繼承承) 열선조(列先祖)께서 출장입상(出將入相)하신 그 빛나는 위적(偉蹟)을 생각할 때 우리 선조(先祖)님들은 진정코 찬란(燦爛)한 역사(歷史)의 창조자(創造者)이셨음을 새삼 느끼게 되며 이나라 이 민족(民族)의 역사발전(歷史發展)에 우리 파평윤씨(坡平尹氏)가 끼친 영향(影響)이 얼마나 컸던가를 다시 한번 절감(切感)하게 된다.

더구나 우리 윤문(尹門)은 고려초(高麗初)로부터 이조시대(李朝時代)를 거쳐 천년(千年)을 한결같이 문무장상(文武將相)과 대유명현(大儒名賢)을 줄줄이 배출(輩出)하여 나라와 겨레의 발전(發展)에 크게 이바지하였으니 그 도덕(道德)으로 보나, 그 문장(文章)으로 보나, 그 관작(官爵)으로 보나, 또 그 충정(忠貞)으로 보아 실(實)로 천년거벌(千年巨閥)이라 아니할 수 없다.

그러기에 퇴계 이황(退溪 李滉)선생도 우리 파평윤문(坡平尹門)이 대대(代代)로 훈명장상(勳名將相)이 혁혁(赫赫)하여 동방(東方)에서 으뜸가는 명족(名族)이라 하였고 중종조(中宗朝) 대제학 소세양(大提學 蘇世讓)선생도 파평윤씨(坡平尹氏)를 우리나라 씨족(氏族)중에 제일(第一)로 꼽았으며 또한 대제학 용재 성현(大提學 慵齋 成俔)선생도 우리나라 거가대족(巨家大族)을 드는데 있어 파평윤씨(坡平尹氏)를 첫째로 손꼽은바 있다.

뿐만아니라 세종대왕(世宗大王)자신이 우리 윤문(尹門)과 겹사돈관계에 있고 대왕(大王)의 직계자손(直系子孫)들 역시 윤문(尹門)과 많은 국혼(國婚)을 하였다는 사실을 우리는 특히 주목하지 않을 수 없으며 이밖에도 우리 파평윤씨(坡平尹氏)가 자고(自古)로 이나라의 수(數)많은 명족(名族)들과 통혼(通婚)을 하였다는 사실에 비추어 볼 때 더욱 우리는 명문대가(名門大家)의 후예(後裔)라는 긍지(矜持)를

파평윤씨 총람(坡平尹氏 總攬)

느끼지 않을 수 없다.

그리하여 우리는 위로는 열선조(列先祖)께 그리고 아래로는 우리의 후손(後孫)들에게 부끄럽지 않은 행동(行動)과 처신(處身)을 함으로써 연면(連綿)히 이어가는 찬란한 우리 종문(宗門)의 역사(歷史)를 이어받아 이를 계승 발전시켜야만 할 것이다.

이에 위대(偉大)하신 열선조(列先祖)께서 대대(代代)로 남기신 빛나는 유덕(遺德)을 추모(追慕)하면서 우리 윤문(尹門)의 씨족사(氏族史)를 몇가지 측면(側面)에서 살펴보고자 한다.

한결같이 번성(繁盛) 거듭한 천년거벌(千年巨閥)

맹자(孟子) 말씀에 군자(君子)의 은택(恩澤)도 5대(五代)에 끊어지고 소인(小人)의 은택(恩澤)도 5대(五代)로 끊어진다고 하였으나 우리 파평윤씨(坡平尹氏)는 시조태사공(始祖太師公)이래 천유여년(千有餘年)의 유구(悠久)한 세월(歲月)속에 계계승승(繼繼承承) 문무장상(文武將相)을 배출하면서 문자(文字) 그대로 천년거벌(千年巨閥)을 이룩하여 빛나는 씨족사(氏族史)를 창조(創造)하였으니 이 나라 역사발전(歷史發展)에 있어서 우리 열선조(列先祖)께서 그 얼마나 많은 공헌(貢獻)을 하시었는지는 일일이 이를 열거하지 않더라도 우리 국사(國史)속에 찬란히 빛나고 있다.

우리 시조태사공(始祖太師公)께서는 고려태조(高麗太祖)를 도와 삼한통합(三韓統合)의 위훈(偉勳)을 세우시었고, 문숙공(文肅公)께서는 삼십만대군(三十萬大軍)을 이끌으시고 여진(女眞)을 정벌(征伐)하시어 두만강(豆滿江) 북(北)쪽까지 고구려(高句麗)의 옛 강토(疆土)를 회복(回復)하여 우리 국토(國土)를 크게 넓히심으로써 민족발전(民族發展)의 기틀을 마련하시었고, 문강공(文康公)은 우리 민족(民族)의 자주성(自主性)을 확립(確立)하기 위하여 칭제북벌론(稱帝北伐論)을 주장(主張)하시었으며 또한 묘청(妙淸)의 난(亂)에도 출전(出戰)하시어 이를 토평(討平)하시었다. 이어 문정공(文定公)은 서경(西京 : 平壤)에서 조위총(趙位寵)이 반란(叛亂)을 일으키자 원수(元帥)로 출정(出征)하시어 이를 토벌평정(討伐平定)하시었다.

이조(李朝)에 들어와서도 대대(代代)로 삼공육경(三公六卿)과 대유명현(大儒名賢)을 배출하여 국가(國家)에 큰 공훈(功勳)을 남기시었고 국난(國難)을 당하였을 때에는 충(忠)과 의(義)를 다하여 순국(殉國)하시었고 태평성대(泰平聖代)에는 도덕문장(道德文章)으로 당세(當世)의 사표(師表)가 되시었다.

뿐만 아니라 우리 윤문(尹門)은 세종대왕(世宗大王)의 재세시(在世時)부터 왕가(王家)와의 국혼(國婚)이 비롯되어 네분의 왕비(王妃)가 들어가시어 다섯분의 국왕(國王)을 탄생(誕生)하시었으니 이 또한 성사(盛事)라 하지 않을 수 없다.

종사보감(宗史實鑑)

어느 성문(姓門)이고 어느 한 시대(時代)에만 번성하였다가 시대(時代)가 바뀌면 쇠미해지는 예가 허다하지만 우리 윤문(尹門)은 고려초(高麗初)이래 이조오백년(李朝五百年)을 거치는 천유여년(千有余年)동안 한결같이 번성을 거듭하여 동방(東方)의 일대거족(一大巨族)을 이루었으니 우리 윤문(尹門)의 연면성(連綿性)을 칭송한 세종대왕(世宗大王)이나 퇴계(退溪)선생의 지적을 기다리지 않더라도 우리 윤문(尹門)이 나라와 겨레의 발전(發展)을 위해 크게 이바지하면서 천년(千年)동안 줄곧 번성(繁盛)을 거듭해 온데 대하여 우리는 다시 한번 커다란 긍지(矜持)를 느끼지 않을 수 없다.

문무겸전(文武兼全)의 혈통(血統)

대제학(大提學) 서거정(徐居正) 선생은 영천부원군(鈴川府院君)의 신도비문(神道碑文)에서 문숙공(文肅公)이「문무전재(文武全才)」를 갖추시고「출입장상(出入將相)」하시어 여진(女眞)을 정복(征服)하시고, 선춘령(先春嶺)에 정계비(定界碑)를 세우시어「척지개강(拓地開彊)」의 위공(偉功)을 이룩하시었다고 하였다.

문과(文科)에 장원(壯元)하시어 문명(文名)을 떨치시고 또한 명장(名將)으로서 청사(靑史)에 빛나는 위업(偉業)을 완수하신 우리 문숙공(文肅公)이야말로 문무겸전(文武兼全)의 으뜸가는 귀감(龜鑑)이라 아니할 수 없다.

문숙공(文肅公)은 항상 손에서 책(冊)이 떠나갈 사이가 없으셨으며 삼십만대군(三十萬大軍)을 이끌고 출정(出征)하신 진중(陣中)에서도 언제나 사서오경(四書五經)을 휴대하시었다고 하니 공(公)이 얼마나 학문(學問)을 좋아하시었는가를 짐작할 수 있다. 여기서 또한 우리가 감격(感激)하지 않을 수 없는 것은 문숙공(文肅公) 한 분의 후손(後孫)중에서 이조시대(李朝時代)만 하더라도 사백여명(四百余名)의 대과급제자(大科及第者)가 배출되었다는 사실이다.

문무겸전(文武兼全)의 귀감(龜鑑)이 되는 국왕(國王)으로 우리는 세종대왕(世宗大王)을 서슴치 않고 들 수 있는데 대왕(大王)은 재세시(在世時)에 훈민정음(訓民正音)등 빛나는 문치(文治)를 베푸셨으나 항상 우리 문숙공(文肅公)의 위공(偉功)을 대신(大臣)들에게 상기시켰고, 나중에는 문숙공(文肅公)이 되찾은 바로 그 땅에 대왕(大王)자신이 6진(六鎭)을 개척(開拓), 북방(北方)의 國防을 튼튼히 하기 위해 힘을 쏟기에 이르렀던 것이다.

한편 우리 윤문(尹門)의 학문도덕(學問道德)을 돌이켜보아도 어느 종문(宗門)못지 않게 빛나고 있다. 고려조(高麗朝)때에는 문숙공(文肅公)과 문강공(文康公)이 특히 두드러진다. 국왕(國王)앞에서 주역(周易)을 강론(講論)하는 김부식(金富軾)에게 문강공(文康公)이 어려운 문제에 관해 종횡으로 질문하니 김부식(金富軾)이 응답을 못하고 얼굴에 땀이 흘러 어찌할 줄 몰랐다는 유명한 이야기가 있다.

또한 문숙공(文肅公)과 문강공(文康公)은 일찍이 송(宋)나라에 사신으로 가셨을 때 그 나라의 대학자 정이천(大學者 程伊川)선생과 시(詩)를 창화(唱和)하시고 역학(易學)을 강론(講論)하시었다고 하니 그 학문(學問)이 어느 경지(境地)에 까지 이르시었는지는 충분히 짐작하고도 남음이 있다. 또한 고려 의종(高麗 毅宗)때의 예부상서(禮部尙書) 김자의(金子儀)가 찬(撰)한 문강공 묘지(文康公 墓誌)에 의하면 문강공(文康公)은 당시 세인(世人)으로부터 「해동공자(海東孔子)」라는 호칭으로 불리었다고 한다.

이조에 들어와서도 중종 때의 대표적 학자(代表的 學者)이시며 태학(太學)의 사장(師長)으로서 유문(儒門)의 보루가 되시었던 평와공(平窩公 : 倬 = 昭靖公玄孫)이 계시며 공(公)이 후진(後進)들에 근심말무(根深末茂)의 교훈(敎訓)을 주기 위해 심어놓으신 은행(銀杏)나무 두 그루는 반천년(半千年)이 지난 오늘날에도 성균관(成均館)의 전정(前庭)에 우뚝 솟아있어 우리의 옷깃을 여미게 한다. 퇴계(退溪)도 일찍이 평와공(平窩公)에게서 수학(受學)했으며 퇴계집(退溪集)을 보면 후일(後日) 퇴계(退溪)는 학문상(學問上)으로 평와공(平窩公)에게 좀더 자세히 물어보지 못한 것을 평생 한스럽게 여겨왔다고 술회(述懷)한바 있다.

평와공(平窩公)의 현손(玄孫)이신 팔송문정공(八松文正公) 황(煌)은 우계(牛溪) 성혼(成渾)선생의 고제(高弟)이시자 사위(壻郞)으로서 이조성리학(李朝性理學)의 정통가문을 이룩하시었고 팔송공(八松公)의 아드님 여덟분은 세칭(世稱)「팔거(八擧)」로 알려진 분들로 그 중에서는 네분 <순거(舜擧), 상거(商擧), 문거(文擧), 선거(宣擧)>은 사계(沙溪), 창랑(滄浪), 수은(睡隱), 청음(淸陰), 신독재(愼獨齋)등 당대거유(當代巨儒)들에 사사하여 일세에 문명(文名)이 높으시었다. 특히 노서문경공(魯西文敬公) 선거(宣擧)는 도덕문장(道德文章)에 있어서 당대(當代)에 손꼽히는 거유(巨儒)이셨다.

팔송공(八松公)의 손자님이며 노서공(魯西公)의 아드님이신 명재문성공(明齋文成公) 증(拯)은 시남(市南), 탄옹(炭翁), 신독재(愼獨齋)등 당대의 석학들에 사사하시었고 일생을 성리학연구(性理學硏究)에 전념(專念)하는데 있어서 퇴계(退溪) 이후 제일인(第一人)이라는 칭사(稱辭)를 받으신 대학자(大學者)가 되시어 학문도덕(學問道德)이 일세를 떨치어 은일(隱逸)로서 우의정(右議政)까지 오르시어 백의정승(白衣政丞)이 되시었다. 또한 백호공(白湖公) 휴(鑴)는 경서(經書)연구에 매우 독창적(獨創的)인 학풍(學風)을 이루어 당대(當代)를 풍미(風靡)하셨고 예송(禮訟)문제로 우암(尤菴)을 통박한 대학자이었으며 나아가서는 북벌론(北伐論)을 주장하여 민족(民族)의 주체의지(主體意志)를 과시하시었다. 병계문헌공(屛溪文獻公) 봉구(鳳九)는 수암 권상하(遂菴 權尙夏)에 사사하신 이른바 강문팔학사(江門八學士)중의 한분으로 추앙(推仰)되고 있다.

종사보감(宗史寶鑑)

그런데 우리 선조(先祖)님들께서는 문(文) 뿐아니라 무(武)에 있어서도 빛나는 공훈(功勳)을 세우시어 거룩한 교훈(敎訓)을 남기시었다. 문숙공(文肅公)의 위공(偉功)은 고사하고라도 공(公)의 아드님이신 어사공(御史公) 언순(彦純)과 문강공(文康公)은 다같이 아버님의 여진정벌(女眞征伐)에 종군(從軍)하시어 공(功)을 세우셨고 특히 문강공(文康公)은 서경(西京)에서 묘청(妙淸)의 난(亂)이 일어나자 출정(出征)하시어 이를 토벌(討伐)하시었다. 문강공(文康公)이후 열선조(列先祖)께서도 대대(代代)로 문과급제(文科及第)하시면서도 외침(外侵)이나 반란(叛亂)이 일어났을 때에는 혹은 북(北)으로 혹은 남(南)으로 용약출전(勇躍出戰)하시어 위공(偉功)을 세우시었다. 이조(李朝)에 들어와서도 성종조(成宗朝)의 건주여진토벌(建州女眞討伐)때에 영상공(領相公) 필상(弼商)이 서정원수(西征元帥)가 되시어 적(敵)을 쳐서 승리(勝利)하시고 돌아오셨다. 그 후 임진왜란(壬辰倭亂)에도 첨사공(僉使公) 흥신(興信)을 비롯한 많은 충신(忠臣)이 나오셨고 병자호란(丙子胡亂)때에는 충정공(忠貞公) 집(集)및 충헌공(忠憲公) 전(烇)을 비롯한 여러 선조(先祖)님들이 순절(殉節)하시었으며 가까이는 우리 민족(民族)의 암흑기(暗黑期)에 일제(日帝)괴수들에게 철퇴를 내림으로써 조국광복(祖國光復)의 결정적 계기를 마련하신 매헌 윤봉길의사(梅軒尹奉吉義士)의 위공(偉功)을 또한 우리는 잊을 수가 없다.

참으로 우리 윤문(尹門)의 혈맥(血脈)에는 문무겸전(文武兼全)의 으뜸가는 귀감(龜鑑)이신 문숙공(文肅公)의 거룩하신 정신(精神)이 맥맥(脈脈)히 흐르고 있다고 아니할 수 없다.

조선최다의 과거급제자 배출(朝鮮最多의 科擧及第者 輩出)

세종대왕(世宗大王)은 문숙공(文肅公)의 위공(偉功)을 항상 잊지 않으시고 우리 윤문(尹門)에 대해서는 각별한 관심을 가졌던 것으로 보이는데 하루는 승지(承旨)로 입시(入侍)한 공간공(恭簡公) 형(炯)에게 문숙공(文肅公)의 몇 세손(世孫)인가를 물으시면서 『경(卿)의 가문(家門)인 파평윤씨(坡平尹氏)가 타족(他族)과 비교할 때 특이하게 현달(顯達)하였는데 이는 과거(科擧)에 의한 것이니 누가 감히 그 빠름을 가지고 논란하겠는가』고 말씀하시었다.

과연 우리 윤문(尹門)은 세종치하(世宗治下)에서도 가장 많은 대과급제자(大科及第者)를 낸 성문(姓門)의 하나로 꼽히었으며 이조오백년(李朝五百年)동안의 문과급제자수(文科及第者數)를 집계(集計)해보면 왕족(王族)인 전주이씨(全州李氏)를 제외하고는 우리 파평윤씨(坡平尹氏 - 南原·咸安派 포함)가 사백십여명으로서 가장 많은 것으로 나타났다.

그러므로 세종(世宗)의 말씀이 아니더라도 지난 천년(千年)동안 대대(代代)로 줄기차게 숱한 명공거경(名公巨卿)을 배출했다는 것은 우리나라에서 가장 많은 대

파평윤씨 총람(坡平尹氏 總攬)

과급제자(大科及第者)를 내었다는 사실과도 부합되는 것으로서 당연(當然)한 귀결이라 아니할 수 없다. 이밖에 많은 소과(小科) <생원(生員)·진사(進士)> 및 무과급제자까지를 합치면 우리 선조(先祖)님들이 얼마나 면학(勉學)에 힘을 쏟으셨는가를 짐작하고도 남음이 있다.

아무튼 고려 문종조(高麗 文宗朝)에 문과(文科)에 급제(及第)하신 문숙공(文肅公) 한분의 후손중에서 이조(李朝)에서만 사백여명(四百餘名)이 대과급제(大科及第)를 하였다는 사실은 경이적인 일이라 아니할 수 없다. 종중(宗中)에 전해오는 일화(逸話)에 의하면 익헌공(翼獻公 : 憲柱 = 昭靖公十二世孫)은 과거(科擧)보던 해에 문숙공(文肅公)이 현몽하신 꿈을 꾸고 장원급제(壯元及第)하시었다고 하는데 익헌공(翼獻公)은 후일 함경감사(咸鏡監司)로 부임하시어 경성(鏡城)의 문숙공묘(文肅公廟)를 개수(改修)하시었고 함경도(咸鏡道)일대에 가장 많은 문숙공유적(文肅公遺蹟)들의 비석(碑石)을 건립(建立)하시었다.

이조시대(李朝時代)에 가장 많은 과거급제자를(科擧及第者)를 배출한 만큼 우리 윤문(尹門)에는 과거(科擧)에 얽힌 숱한 일화가 전해지고 있다. 우리나라에서는 고려(高麗)때부터 형제삼인(兄弟三人)의 급제자(及第者)를 낸 가문(家門)에는 해마다 삼십석(三十石)의 세미(歲米)를 지급(支給)하여 표창(表彰)했는데 문강공(文康公)의 아드님 三兄第<인첨(麟瞻), 자고(子固), 돈신(惇信)>와 문정공(文定公)의 아드님 三兄第<종악(宗諤), 종성(宗誠), 종양(宗諹)>가 양대(兩代)에 걸쳐 모두 대과급제(大科及第)를 하시니 세인(世人)들은 이를 부러워하며 우리 윤문(尹門)을 일러서「삼제댁, 양수댁(三第宅, 兩帥宅)」이라고 불렀고 나라에서는 문강공(文康公)과 문정공(文定公)의 배위(配位) 두분에 녹봉(祿俸)을 내리셨으니 드문 일이라 하겠다. 또 참판공(參判公)<民新 = 南原伯十一世孫>은 다섯 아드님이 나란히 대과급제(大科及第)하시고 그중 한분이 또한 장원(壯元)을 하시었으니 세상사람들은 참판공(參判公)이 사시는 마을을「오자등과(五子登科)터」라고 불렀다. 이밖에 사자일손등과(四子一孫登科), 삼자등과(三子登科), 칠대등과(七代登科), 사대등과(四代登科) 등등 허다한 뒷이야기가 전해오고 있다.

우리 윤문(尹門)이 우리나라에서 가장 많은 과거급제자(科擧及第者)를 길러냈다는 사실은 우리 선조(先祖)님들이 그 얼마나 각고노력(刻苦努力)했는가를 입증(立證)하지만 문무양면(文武兩面)에서 영특(英特)하신 우리 문숙공(文肅公)의 고결(高潔)하신 혈통(血統)을 이어받았기 때문인것으로도 생각된다.

세종대왕(世宗大王)과의 겹사돈 통혼(通婚)

이조실록세종이십이년일월조(李朝實錄世宗二十二年一月條)를 보면 세종대왕(世宗大王)은『윤문숙공(尹文肅公)이 북방(北方)을 정벌(征伐)하였을 때 조정(朝廷)의

종사보감(宗史實鑑)

대소신료(大小臣僚)들의 모함에도 불구하고 그 때의 임금이 문숙공(文肅公)에게 그 임무(任務)를 전담토록하여 그러한 큰 공(功)을 이룩하게 하였다」고 치하하면서 『지금 보면 문숙공(文肅公)의 후손(後孫)으로서 우리 왕실(王室)과 혼인(婚姻)을 맺은 자가 십(十)여명이나 된다」고 말씀하시었다. 세종대왕(世宗大王)의 말씀대로 우리 윤문(尹門)이 대왕 재세시(大王 在世時)부터 비로소 이조왕가(李朝王家)와 국혼(國婚)을 맺기 시작했다는 것은 그 의의(意義)가 매우 크다고 하겠다. 세종이십이년(世宗二十二年)현재로 이미 왕실(王室)과 통혼(通婚)한 경우가 십여명(十餘名)이나 되었다고 지적했듯이 사실에 있어서 세종대왕(世宗大王)의 매부 즉 태종(太宗)의 부마(駙馬)중에서 네명(四名)이나 우리 파평윤씨(坡平尹氏)출신 <영평군 계동(鈴平君 季童), 파성군 우(坡城君 愚), 파평군 암(坡平君 巖), 파원군 평(坡原君 泙)>이었고 세종대왕(世宗大王)자신의 자부(子婦) 즉 세조비(世祖妃)<정희왕후(貞熹王后) = 정정공 번(貞靖公 璠)의 따님>와 부마(駙馬 : 忠景公 師路) 그리고 손부(孫婦) 한 분(威安君 末孫 따님)이 또한 우리 파평윤씨(坡平尹氏)로서 말하자면 세종대왕(世宗大王)과 우리 윤문(尹門)은 겹사돈 관계로 맺어져 있는 것이다.

뿐만 아니라 세종(世宗)의 증손(曾孫)인 성종(成宗)의 왕비(王妃) 정현왕후(貞顯王后)는 평정공(平靖公) 호(壕)의 따님이시며 세종(世宗)의 현손(玄孫)이신 중종(中宗)의 왕비(王妃) 장경왕후(章敬王后), 문정왕후(文定王后)도 각각 정헌공(靖憲公) 여필(汝弼)과 정평공(靖平公) 지임(之任)의 따님이시다. 특히 파천부원군(坡川府院君) 탕노(湯老), 서파공(西坡公) 개(漑), 두분 나란히 세종(世宗)의 증손서(曾孫婿)가 되시며 이밖에 영원위 내(鈴原尉 㶇)와 영평위 섭(鈴平尉 燮)의 두분은 성종(成宗)의 부마(駙馬)가 되시었다.

이와같이 세종대왕(世宗大王) 재세시(在世時) 또는 이를 전후(前後)해서 이십여명에 달하는 대왕(大王)자신의 자손(子孫) 및 그 밖의 왕족(王族)이 우리 윤문(尹門)과 혼인을 맺었다는 것은 세종(世宗)이 기회 있을 때마다 문숙공(文肅公)의 위공(偉功)을 칭송했다는 점에 비추어 보아 결코 우연(偶然)한 일이라고 만은 할 수 없을것 같다.

이밖에도 우리 윤문(尹門)은 이나라의 명문거족(名門巨族)들과 많은 통혼관계(通婚關係)를 맺어왔는데 시조 태사공(始祖 太師公)의 배위(配位)는 문화유씨(文化柳氏)로서 문화유씨시조(文化柳氏始祖)이시며 고려개국초(高麗開國初)의 벽상삼한 익찬공신(壁上三韓翊贊功臣)이신 大丞公(柳車達)의 누이 되시며 문숙공(文肅公)의 아버님이신 문정공(文靖公)의 배위(配位)는 경주김씨(慶州金氏)로서 신라(新羅) 경순왕(敬順王)의 손녀이시다. 또한 문숙공(文肅公)의 배위(配位)이신 국대부인(國大夫人)은 麗朝때 벌열귀족(閥閱貴族)을 이루었던 인천이씨(仁川李氏) 시조(始祖):

李許謙)의 증손(曾孫)이 되신다.
　이조(李朝)에 들어와서도 율곡(栗谷) 이이(李珥)선생, 백사(白沙) 이항복(李恒福)선생 우계 성혼(牛溪 成渾)선생등 많은 명신명현(名臣名賢)들이 우리 윤문(尹門)과 통혼(通婚)하였다. 영의정(領議政)을 다섯 번이나 중임(重任)했다는 압구정 한명회(鴨鷗亭 韓明澮)선생도 맏딸을 충경공(忠景公 : 師路 = 昭靖公曾孫)의 며느리로 출가시켰다.
　율곡(栗谷)선생의 경우는 첨사공(僉使公 : 涉 = 代言公 八世孫)이 그의 자형(姉兄)이 되시며 첨사공(僉使公)의 아드님 이신 감찰공(監察公) 담(聃)은 율곡(栗谷)의 문인(門人)이 되시었는데 율곡(栗谷)의 문제(門弟)중에는 우리 윤문(尹門)출신이 여섯명이나 된다. 또한 율곡(栗谷)과 학문(學問)을 토론하고 새 학설(學說)을 주장한 우계 성혼(牛溪 成渾)선생도 그의 문인(門人)이신 팔송공(八松公 : 昭靖公 八世孫)을 매우 애중(愛重)히 여기어 사위(壻郞)로 삼으셨는데 우계(牛溪)의 문인 중에는 팔송공(八松公) 이외에도 우리 윤문(尹門)에서 몇 분이 더 계시었다.
　이렇듯 우리 파평윤씨(坡平尹氏)가 성군 세종대왕(聖君 世宗大王)의 자손(子孫)들과 대대(代代)로 국혼(國婚)을 맺고 그밖에 이 나라의 많은 명족(名族)들과도 통혼(通婚)했다는데 대해서 우리는 명문(名門)의 후예(後裔)로서 더욱 자부(自負)하는 마음을 갖지 않을수 없다.

최고의 족보를 편찬(最古의 族譜를 編纂)

　우리나라에서 어느 성씨(姓氏)의 족보(族譜)가 가장 먼저 출간(出刊)되었는가에 관해서는 아직도 연구과제라 하겠으나 우리 파평윤씨(坡平尹氏)의 족보(族譜)는 멀리 천순년간(天順年間) 즉 세조 3년에서 세조 10년에 이르는 동안(서기 1457년~1464년)에 편찬(編纂)되기 시작하여 중종 34년(서기 1539년)에 이르러 첫 간행(刊行)을 보게되었는데 이것이 우리 윤문(尹門)의 제1보(第一譜) 기해대보(己亥大譜)이다.
　이 기해대보(己亥大譜)는 서파공(西坡公 : 燉 = 版圖公五世孫)이 수보간행(修譜刊行)한 우리 윤문(尹門)의 첫 대동보(大同譜)로서 우리나라에서 가장 오래된 족보(族譜)중의 하나로 되어있다. 이 기해대보(己亥大譜)의 서문(序文)은 당시(當時)의 대제학(大提學) 소세양(蘇世讓)선생이 초(草)한 것인데 그는 파평윤씨(坡平尹氏)가 동방제일(東方第一)의 명족(名族)이라고 칭송하고 이 보책(譜冊)은 마땅히 영구(永久)히 유전하여 세가거족(世家巨族)들로 하여금 이를 모범(模範)으로 삼도록 하라고 말했다.
　또한 종중(宗中)에 전해오는 바에 의하면 서파공(西坡公)이 족보(族譜)의 규례(規例)를 연구하여 중종(中宗)에게 올렸더니 왕(王)이 크게 칭찬하시었고 선원보

종사보감(宗史實鑑)

(璿源譜 = 王室의 族譜)도 이 규례(規例)에 준(準)하였다고 한다.

그런데 일반적으로 알려지기로는 우리 기해보(己亥譜)외에 문화유씨(文化柳氏)의 가정보(嘉靖譜)와 안동권씨(安東權氏)의 성화보(成化譜)도 가장 오래된 족보(族譜)로 보고있으나 문화유씨(文化柳氏)의 가정보(嘉靖譜)는 가정 41년(嘉靖四十一年)즉 조선 명종 17년(서기 1562년)에 만들어진 것으로써 우리 기해대보(己亥大譜) 보다 23년이나 뒤에 나온 것이다. 그리고 안동권씨(安東權氏)의 성화보(成化譜)는 성화 12년(成化十二年) 즉 조선 성종 7년(서기 1476년)에 간행(刊行)된 것으로서 기해보(己亥譜)보다 63년이 앞서기는 했으나 우리 윤문(尹門)이 성화년간(成化年間) 보다 앞선 天順年間에 族譜를 편찬하기 시작했다는 기록이 있는만큼 사실상 이상의 세 家門의 족보(族譜)가 앞서거나 뒤서거나 하면서 간행(刊行)된 우리나라 최고(最古)의 족보(族譜)라 할 수 있을 것 같다.

그리하여 우리 기해대보(己亥大譜)를 비롯한 이 세 명족(名族)의 족보(族譜)가 출현(出現)함에 따라 우리나라의 다른 성문(姓門)에서도 이를 모범(模範)으로 삼아 족보(族譜)를 만들기 시작한 것으로 보인다.

한편 우리 윤문(尹門)에서는 기해대보(己亥大譜)가 간행(刊行)된 지 46년만인 선조 18년(서기 1585년)에 도사공(都事公 : 勉 = 昭靖公六世孫)에 의해서 제2보(第二譜)인 을유대보(乙酉大譜)가 편찬되었고, 그로부터 49년만인 인조 12년(서기 1634년)에 팔송문정공(八松文正公 : 煌)이 제3보(第三譜)인 갑술대보(甲戌大譜)를 간행(刊行)하시었고 다시 48년되인 숙종 8년(서기 1682년)에 제4보(第四譜)인 임술대보(壬戌大譜)가 두포공(杜圃公 : 趾善 = 昭靖公十一世孫)에 의해서 수보(修譜)되어 명재공(明齋公)의 서문(序文)과 더불어 간행(刊行)되었고, 그로부터 44년후인 영조2년(서기 1726년)에 제5보(第五譜)인 병오대보(丙午大譜)가 문온공(文溫公 : 惠敎 = 昭靖公十一世孫)에 의해서 수보(修譜)되었고 다시 37년뒤인 영조 39년(서기 1763년)에 소곡공(素谷公 : 光紹 = 昭靖公十三世)에 의해서 제6보(第六譜)인 계미대보(癸未大譜)가 전질 20권(全秩二十卷)으로 수보간행(修譜刊行)되었고, 또 그로부터 67년후인 순조 30년(서기 1830년)에 제7보(第七譜)인 경인대보(庚寅大譜)가 영원군(鈴原君 : 行直 = 昭靖公十五世)에 의해서 수보(修譜)되어 대사성공(大司成公 : 聲大 = 太尉公十七世孫)의 서문(序文)을 붙여 전질 43권 으로 간행(刊行)되었다. 한편 우리 윤문(尹門)의 각파종족(各派宗族)들도 기해대보(己亥大譜)간행 후 오랜 세월(歲月)에 걸쳐 많은 파보(派譜)를 간행하여 존조돈종(尊祖敦宗)의 정신(精神)을 유감없이 발휘하였다.

이 나라 역사(歷史)의 주류(主流)속에서 위대(偉大)하신 공훈(功勳)과 덕행(德行)을 쌓으신 열선조(列先祖)께서 이를 후세(後世)에 올바르게 전(傳)하기 위해 마련하신 수많은 보책(譜冊)을 대(對)할 때 숙연(肅然)한 마음으로 옷깃을 여미지

파평윤씨 총람(坡平尹氏 總攬)

지 않을 수 없다. 이제 현대(現代)에 사는 우리도 열선조(列先祖)의 빛나는 공덕(功德)을 자손만대(子孫萬代)에 올바르게 전(傳)하고 우리 자신의 기록도 정확히 후손(後孫)들에게 알려주기 위해 노력(努力)함으로써 선조(先祖)님들의 훌륭하신 수보사업(修譜事業)을 더욱 빛내도록 해야 할 것이다.

第 二 節
시조 탄강사(始祖 誕降史)

경기도 파주 파평산 기슭에는 아득한 태고적부터 큰 연못이 있어 이를 용연(龍淵, 일명 嘉淵)이라고 부르고 있었는데, 전설에 따르면 연못에는 용인(龍人)이 살고 있어 연못가가 불결해지면 뇌성이 진동하고 풍우가 몰아친다고 전한다.

옛날부터 우리 종중에 전해오는 가첩 언전 및 그 밖의 문헌에 의하면 신라 진성왕 7년(서기 893년) 음력 8월 15일 용연위에 갑자기 구름과 안개가 자욱하게 끼고 요란한 천둥과 번개가 치면서 큰 연못 위에 한 옥함(玉函)이 떠오르자 마을 사람들이 기이하게 여기어 고을 태수에게 고하여 태수가 연못가에 나가보니 옥함이 떠올랐다가 연못 복판으로 밀려들어가는 것을 발견하게 되었다.

그러던 중 날이 저물 무렵 연못가에 이날 따라 빨래를 하던 한 노파가 옥함이 다시 떠오르는 것을 보고 이를 건져내어 열어보니 그 속에는 오색의 우모(羽毛)에 싸여있는 어린 사내아기가 들어있었다. 그런데 이 옥함에 관해서 일부 문헌에는 석함(石函)이라고 기록되어 있고 태사공 묘지에는 금궤(金櫃)로 되어 있다.

찬연한 서기를 발산하면서 옥함에서 나온 사내아기는 융준용안(隆準龍顔)으로 코가 우뚝하며 용의 상을 닮았고, 양쪽 어깨에는 붉은 사마귀가 있어 일월(日月)을 상징하고, 좌우 겨드랑이에는 비늘이 81개가 돋아있으며, 발에는 7개의 검은 점이 있어서 북두칠성의 형상과 같았고, 온 몸에서 광채가 솟아서 눈을 부시게 하였으니, 이 어른이 바로 우리 파평 윤씨의 시조이시다.

그런데 우리 시조 태사공이 득성(得姓)하신 연유에 관해서 종중에서 옛부터 전해오는 바에 의하면 용연에서 옥함을 건져낸 노파의 성을 따라 윤성이 되시었다고 전하나 가첩 및 그 밖의 문헌에 따르면 옥함 자체에 尹자가 새겨져 있었기 때문에 윤성이 되었다고 하며, 또한 옥함에서 나오실 때 그 어른의 손바닥에 尹이라는 글씨가 뚜렷이 나타나 있었다고 전한다. 태사공의 휘(諱)는 신달(莘達)이신데 또 하나의 휘는 여신이라고도 전해지고 있다.

옥함에서 옥동자로 나오신 태사공께서는 노파의 극진한 정성과 사랑으로 양육을 받으시었는데 자라나심에 따라 기골이 장대하시고 재기(才器)가 뛰어나시었다.
  태사공께서는 파평산 아래에 사시면서 학문과 무예를 닦으시었는데 파평산마루에 말이 달릴 수 있는 길을 닦고 궁마훈련(弓馬訓鍊)을 하시었다.
  파평산마루에서 태사공께서 말을 달리시며 무예를 연마하시던 곳을 치마대(馳馬臺)라고 하는데, 지금도 태사공께서 길을 닦으셨던 석축이 일부 남아있다.
  치마대에는 태사공께서 연습하시다가 애마가 죽었기 때문에 작은 철마를 만들어 그 곳에 놓아두었는데 후일에 어떤 철공이 그 철마를 훔쳐갔다가 그만 즉사했다는 전설이 남아있다. 그때 같이 갔던 사람이 두려운 생각이 나서 흙으로 작은 말을 만들어 구워서 그 곳에 가져다 놓았다고 전해오고 있으나 지금은 그 형적마저 없다. 태사공께서 학문을 닦으시던 옛터인 금강사(金剛寺)도 지금은 형적도 없이 자취를 찾아볼 수 없지만 그 사지(寺址)만은 역연하게 남아있다.
  태사공께서 일찍이 파주에서 개경을 매일 임진강 너머로 내왕하실 적에 공이 강을 건너실 때에는 으례히 강물이 갈라지며 홀연히 백사장이 드러나서 신발을 적시지 않고 강을 건너시게 되니 사람들이 신기하게 여기었다는 전설이 있다. 또 태사공께서는 송도에 있는 조정에 출사하신 뒤에도 말을 타시고 파평면에 있는 사저에서 강너머로 내왕하시었는데 말이 빠르기가 나는 듯하였고, 강을 건널때에는 물이 양쪽으로 갈라졌다고 하는데 이를 두고 세인들은 물결을 끊고 마시듯 강을 건넜다 하여 이곳을 여음진(如飮津)이라고 이름지었다가 후에 음진(飮津)으로 고치었는데, 이것이 다시 후세에 와서는 음이 변하여 임진강이 되었다고 전한다.
  용연 동쪽에 금강사 유허(遺墟)가 있는데, 그곳은 원래 태사공께서 자라시던 곳으로서 3세 복야공(僕射公 = 諱 金剛)이 그 절을 짓고 승려를 두었다고 전해오고 있으며, 문숙공과도 깊은 관련이 있는 성소(聖所)로 여겨지는데 그 인근에는 암자 미타사가 있고 지금은 다만 축대 일부와 옛 우물이 남아있을 뿐이다.
  미타사는 1095년(고려헌종 1, 乙亥)에 금강거사(金剛居士) 윤언이(尹彦頤)와 관승대사(寬乘大師)가 창건하였고 당시는 금강사에 소속되었고 초암(草庵)이라 하였다. 미타사중수기에 따르면 금강사가 폐허가 되자 봉안했던 아미타불을 모시고 초암을 미타사라 했다. 그 뒤 1950년 6·25 사변으로 전소된 것을 1963년에 주지 창우대사(昌雨大師)가 입주하여 복원하였고 1997년 현 주지 해정거사가 다시 중수하여 지금에 이른다. 우리나라의 고사를 보면 건국신화나 시조설화(始祖說話)에는 여러 가지 신화적인 이적이 담겨져 있는데 삼한통일의 위공을 세우신 우리 시조 태사공의 경우에도 탄강하실 때의 이적에 대해 그와 같은 영서(靈瑞)로운 설화가 전해지고 있는 것이다.
  시조탄생에 얽힌 고대설화들은 천강설(天降說), 지생설(地生說)등 몇 가지로 분류할 수 있다고 하겠는데 우리 시조의 용연 탄강 설화를 어느 범주(範疇)로 분류할 수 있을 것인지는 차치하고라도 우선 파주 용연의 지리적 위치가 우리의 주목을 끌지 않을 수 없다.

즉 한반도의 중심부에 위치한 파주땅에서 탄강하시었다는 점이 대부분의 다른 대성들의 관향(貫鄕)과는 다르다고 하겠으며, 이러한 지리적 이유에서도 우리 윤씨가 전국 방방곡곡에 고루 퍼져 번성하고 있다고 할 수 있겠다.

파주의 산이름이나 지명에 있어서「용(龍)」자가 많다는 사실에 대해서도 특히 관심을 갖지 않을 수 없다. 동국여지승람에 의하면 용연 바로 옆의 파평산은 원래 미라산(彌羅山)이라고 불렸는데, 미라(彌羅)는 한자로 풀이하면「두루 사방으로 퍼진다」는 뜻이 되고, 또한「미라」는 용을 뜻하는 우리의 고어「미르」와도 통하여 파평산은「용의산」이라고도 말할 수 있다는 점에 비추어 보아, 시조께서 용인(龍人)이 살고 있다는 용연에서 태어나시고「용의산」이라고 할 수 있는 파평산에서 자라나시어 백만을 헤아리는 동방의 일대거족의 비조(鼻祖)가 되시었다는 사실은 너무나도 상징적이며 영이(靈異)로운 일이라 아니할 수 없다.

더구나 파평산의 주변에는 용이 서리고 있다는 반룡산(蟠龍山)이 있고, 또한 용이 일어난다는 용발산이 있으며 또 사찰중에는 용상사가 있고 지명 중에도 용지동이 있고, 미륵불이 솟아있는 용미리 등이 있다는 사실은 용연을 중심으로 한 파주땅이 삼한갑족인 우리 파평 윤씨의 발상지다운 성지임을 입증해 주고 있다 하겠다.

용은 또 임금의 상(象)또는 천자의 사물(事物)에 쓰는 자인데 용연에서 탄강하신 우리 시조 태사공의 후손 중에서 다섯 분이나 국모가 나시어 이 나라를 다스리는 임금을 일곱 분이나 탄생하시었으니 이 또한 너무나도 신이(神異)로운 일이라 아니할 수 없다.

第 三 節

파평윤씨의 분파(坡平尹氏의 分派)

1. 분파과정(分派過程)

문숙공의 일곱 아드님중 첫째 지후공(祗侯公) 언인(彦仁)의 자손은 함안과 남원으로 분관되어 각각 일파(一派)를 이루고 있고, 둘째 아드님 어사공(御使公) 언순(彦純)은 손자 이후의 계보가 밝혀지지 않고 있으며, 셋째 언암(彦巖)은 중으로서 후사가 없으셨으며, 넷째는 실명(失名)이고, 다섯째 복야공(僕射公) 언식(彦植)의 후손은 덕산으로 분관되어 일파를 이루고 있으며, 여섯째 문강공(文康公) 언이(彦頤)의 후손은 번창하여 여러 개의 지파(支派)를 이루고 있다. 일곱째 봉어공(奉御

公) 언민(彦旼)은 손자이후의 계보가 분명하지 않다. 따라서 여기서는 문강공 후손에 대한 분파 과정을 살펴보기로 하자.

문강공(6世)은 아드님 여섯분을 두셨는데 장자이신 문정공(文定公) 인첨(鱗瞻)의 후손은 문정공파(文定公派)로 일관하고 있으며 둘째 아드님 박사공(博士公) 자고(子固)의 후손은 박사공의 아드님 화산군(花山君)의 봉작을 따서 신령을 본관으로 하는 일파를 이루었으며(新寧君派 = 花山君派) 넷째, 다섯째, 여섯째는 분계하지 못하였다. 다만 셋째 아드님 시랑공(侍郞公) 돈신(惇信)의 후손이 번창하므로 여러개의 분파를 이루었다.

12世를 기준으로 할 때

대언공파(代言公派), 봉록군파(奉祿君派), 양간공파(良簡公派), 소부공파(小府公派), 태위공파(太尉公派) 이렇게 다섯으로 분류하며

15世를 기준으로 할 때

양간공(良簡公) 안숙(安淑)의 후손이 번성하여 다시 이렇게 분류한다.

대언공파(代言公派), 봉록군파(奉祿君派), 판서공파(判書公派), 야성군파(野城君派), 전의공파(典儀公派), 소정공파(昭靖公派), 원평군파(原平君派), 소도공파(昭度公派), 판도공파(版圖公派), 소부공파(小府公派), 태위공파(太尉公派)

현재 대종회에서는 위 11개파에 함안파(咸安派), 남원파(南原派), 덕산군파(德山君派), 문정공파(文定公派), 신령파(新寧派) 등 16개파로 분류하고 있다. 그런데 자손의 수가 가장 많은 소정공파는 다시 상호군공파(上護軍公派), 한성공파(漢城公派), 영천부원군파(鈴川府院君派)로 분류하며, 그 다음으로 많은 판도공파는 제학공파(提學公派), 부윤공파(府尹公派), 정정공파(貞靖公派)로 분류한다.

파평 윤씨 전체 인구중 소정공과 판도공의 자손이 가장 번성하여 약 80%를 점하고 있다. 참고로 1986년 인구쎈세스에 의한 윤씨의 본관별 인구를 살펴보면 총 834,891명중 파평 윤씨 전체(태사공 자손)의 인구수는 83.1%인 693,090명이고 그중 파평은 77.53%인 646,632명이고 남원이 37,838명(4.54%), 함안 6,105(0.73%), 양주 2,315명, 신령 93명, 덕산 88명, 야성 19명이다. 기타 윤씨중 해남 윤씨(48,780명), 칠원 윤씨(44,874명)가 각각 5~6%를 점하고 있으며 해평(22.757명), 무송(10,320)은 1~3% 뿐이며 나머지는 많아야 500명 미만이다.

소정공의 둘째 아드님이신 한성공의 二子 참의공(參議公) 은(垠)은 아드님을 아홉 두셨는데 그리하여 그 후손을 「9방파」라고 부르며, 한성공의 四子 장령공(掌令公) 배(培)의 손자이신 평와공, 공의 현손이신 참판공(參判公) 창세(昌世)의 후손을 노종파(魯宗派)라 한다.

이외에도 파(派)를 나눈다면 수백, 수천개의 파로 나눌 수 있으나 생략한다.

(자세한 것은 뒤의 분파도를 참고 바람)

2. 대소문중(大小門中)

(1) 정정공파 교하문중(貞靖公派 交河門中)

우리 파평 윤씨의 발상지이며 관향인 파주땅은 여충사에서 남서쪽 12㎞ 떨어진 교하면 당하리・와동 일원의 광대한 사패지(賜牌地)를 중심으로 정정공(貞靖公) 자손들은 600년이라는 장구한 세월을 이곳에 뿌리박고 계계승승 빛나는 가통(家統)을 이어오고 있다.

금촌에서 남서쪽으로 3㎞ 떨어진 장명산(長命山)을 서북쪽으로 바라보면서 고갯길을 오르면 정경댁주(貞慶宅主) 안동권씨, 정정공 그리고 이정공(吏靖公 士昐)을 모신 묘역이 있다. 흔히들 이곳을 「능안」 또는 「본방능(本房陵)」이라고 부르고 있다. 정희왕후(貞憙王后), 장경왕후(章敬王后), 문정왕후(文定王后)의 세 왕비와 정승 세분을 낳게 하신 명당이기에 세조(世祖)도 생전에 자신의 묘자리를 이곳에 정하였으나 장인이신 정정공(貞靖公)이 먼저 돌아가셨기 때문에 양보했다고 전한다.

판도공(版圖公)께서 교하땅에 처음 입향(入鄕)하신 것은 고려왕조가 무너지고 새 왕조가 들어서자 불사이군(不事二君)의 충절을 지키시어 이곳에 은거하시면서 여생을 마치셨다는데 정확한 집터는 알 길이 없고 묘소는 임진강 건너 장단에 있어 봉심(奉審)하지 못하고 있다.

정정공 묘소를 중심으로 한 사패지 경내에는 공의 후손으로서 정승, 부원군, 판서등을 지내신 수많은 분묘가 모셔져 있는데 정승(증직포함) 벼슬을 하신 분으로 이정공 사분(吏靖公 士昐), 양평공 사흔(襄平公 士昕), 파릉군 보(坡陵君 甫), 정헌공 여필(靖憲公 汝弼), 정평공 지임(靖平公 之任) 그리고 영상공 원형(元衡)이 있고, 부원군으로는 파평부원군 정정공(坡平府院君 貞靖公)을 비롯하여 파천부원군 양평공(坡川府院君 襄平公), 파원부원군 정헌공(坡原府院君 靖憲公), 파천부원군 판관공(坡川府院君 判官公 項), 파산부원군 정평공(坡山府院君 靖平公)이 있고, 판서로는 공간공 흠(恭簡公 欽), 공양공 계겸(恭襄公 繼謙), 판서공 춘년(判書公 春年)이 있다. 이처럼 많은 명신(名臣)들의 묘가 한 국내(局內)의 묘역에 집중적으로 모셔져 있다는 것은 정정공파의 옛 영화가 어느 정도였는가를 짐작하고도 남음이 있다. 정정공 묘소를 찾아 수 백년 동안 풍우에 씻긴 고색 창연한 묘비며 문무석(文武石)이며 장명등(長明燈)을 보노라면 어느 왕릉에 온 듯한 착각을 일으키게 된다.

또한 수백명의 제관(祭官)을 수용할 수 있는 정정공 재실(本房齋)과 와동리에 있는 불천지위사당(不遷之位祠堂 : 襄平公, 恭襄公, 靖平公)인 「교하향사(交河鄕

종사보감(宗史寶鑑)

祠)」가 있는데 옛날에는 재실자리에 성재암(聖在庵)이라는 재암(齋庵)이 있어 나라에서 36명의 수호군을 두기도 하였다. 예로부터 교하문중에서는 「오세일품(五世一品)」이요「이자삼공(二子三公)」이라는 말이 전해 오는데「오세일품(五世一品)」이란 5대에 걸쳐 내리 정1품 벼슬을 한 것을 말하고「이자삼공(二子三公)」이란 두 아들이 정승을 지내셨다는 말이다.

　이렇듯 정정공의 후손은 크게 번성하여 대대로 삼공육경(三公六卿), 충신, 효자가 줄을 이었다. 정정공의 첫째 아드님이신 이정공 사분(夷靖公 士盼)은 예종 때 우의정으로 인품이 관후(寬厚)하고 사람에게 세도로서 대하지 않으셨으며, 둘째 아드님이신 성안공 사균(成安公 士昀)은 예조판서와 보문각 대제학에 이르셨으며 성품이 온후하시고 도량이 넓으셨다. 셋째아드님 양평공 사흔(襄平公 士昕)은 성종 때 우의정에 이르셨고 비범하셨다 한다.

　이정공(夷靖公) 자손으로는 성종 때 호조판서를 지낸 공간공(恭簡公) 흠(欽), 언보(彦輔 22世)는 임진왜란 때 전사하여 충신록에 들었고, 백주(百胄 30世)와 빈(鑌 31世)은 무공(武公)으로 상덕사(尙德祠)와 죽림사(竹林祠)에 각각 배향 되셨다. 31世 선(銑)은 학행이 매우 높으셨다.

　성안공(成安公) 자손으로는 아드님 파릉군(坡陵君 甫), 손자 정헌공(靖憲公 汝弼)이 계시며 정헌공의 따님은 중종비 장경왕후이시고 충의공 임(忠毅公 任)은 바로 장경왕후의 오빠이신데 좌찬성에 이르렀으며 을사사화 때 화를 입으셨다.

　충의공의 아드님 중 다섯째인 첨사공 흥신(僉使公 興信)은 요행히 위기를 모면하여 훗날 아우 홍제(興悌)와 더불어 임진왜란 때 다대포 첨사로서 왜군과 싸워 살신성인(殺身成仁)의 귀감을 보여주셨는데 첨사공은 동래 충렬사에 배향 되어있다. 충민공 정준(忠愍公 廷俊, 22世)은 충신으로 이괄의 난때 순절하여 충민사(忠愍祠)에 향사 되셨다.

　양평공(襄平公)의 후손으로는 이조판서를 지내신 아드님 공양공 계겸(恭襄公 : 繼謙), 손자이신 판관공 옥(判官公 頊), 증손이신 정평공 지임(靖平公 之任)이 있다.

　정평공은 다섯 아드님(元凱, 元亮, 元弼, 元老, 元衡)을 두시었고 따님이 바로 중종 계비이신 문정왕후이시며 8년간 수렴청정하시어 많은 일화를 남기셨다.

　영상공 원형의 세도로 인한 사화, 삭탈관직, 유배, 사사(賜死)등 숱한 파란곡절은 가문의 뼈아픈 상처이긴 하나 어느 가문에나 영욕(榮辱)이 엇갈리게 마련이다. (영상공 원형의 伸寃은 융회 2년에 이루어졌음)

　양평공의 후손인 20世 諱 春年은 벼슬이 이조판서에 이르고 명종조에 청백리에 녹선 되었으며 뇌물을 절대로 받지 않으셨다.

　회당(晦堂) 응선(應善)은 한말의 대유학자로 주자학에 조예가 깊었으며 의병을 일으켜 왜병에 항전하셨고 충북음성 충룡사(忠龍祠)에 향사되셨다.

교하문중은 그동안 종중사업을 끊임없이 해나가고 있는데 종인들의 아낌없는 성금으로 「판도공위비건립」, 「불천지위사당중수」, 「정정공재실중건」, 「정정공신도비건립」, 「이정공묘소봉심」, 묘역조림 등 많은 역사(役事)를 이루었다. 특히 정정공의 19대손 경수(敬秀)씨는 1966년에 문숙공신도비와 정정공신도비를 전액부담으로 건립하였다.

(2) 노성문중(魯城門中 = 魯宗派)

멀리 태백산으로부터 굽이쳐 뻗어나온 산줄기로 이어지는 계룡산의 한 갈래가 노성산을 이루니 여기가 바로 오윤(吾尹)의 거문중(巨門中)의 하나인 노성문중의 찬란한 도학(道學)의 꽃을 피워 동방의 추로지향(鄒魯之鄕 : '鄒'에서는 맹자가 '魯'에서는 공자가 출생하며 예절을 알고 학문이 왕성한 곳을 이름)을 이룩하면서 빛나는 가통(家統)을 연면히 이어오고 있는 곳이 노성땅이다.

백제의 옛터전이며 공주와 부여에 이웃하고 있고 삼남대로로 통하는 이 고을은 원래 백제의 열야산현(熱也山縣)이었는데 신라 경덕왕 때 니산(尼山)으로 개명한 것으로 「삼국사기」에 기록되어 있다. 그 후 조선 초에 니성(尼城)으로 고쳤다가 순조 때 노성으로 개명되었는데 노성으로 고쳐진 이유에 대해서 이조실록에는 「선조(先祖)의 어휘자음(御諱字音)을 피하기 위해서였다」고 기록되어 있다. 그러나 노성산 아래에 니구산(尼丘山)이 있고 그 아래 궐리촌(闕里村)이 있어 공자(孔子)의 생장지와 산명촌호(山名村號)가 부합하다 하여 숙종 때 공자영정을 모시고 궐리사(闕里祠)가 세워진 후 공자의 탄생지인 노(魯)나라에 연유하여 노성이라는 군 이름이 생겼다고도 한다.

소정공의 6대손이며 평와공(諱 偉)의 손자님이신 승지공(諱 暾)이 한양에서 사시다가 노성으로 장가를 드심으로서 노성 득윤면 득윤촌(得尹面 得尹村 : 현 광석면 득윤리)에 입향하시니 이로부터 노성문중의 찬란한 역사는 시작된다.

논산읍에서 서북쪽(부여방면)으로 차를 달려 10분이면 광석면 득윤리가 나온다. 주변의 산세가 순하고 아늑하여 사람으로 하여금 마음을 편안하게 하는 목가적(牧歌的)인 마을이다.

전해오는 말에 의하면 승지공께서 득윤리에 사실 때 항상 소를 사랑하시어 누구의 소를 막론하고 목이 마르고 배가 고픈 듯이 보이면 풀과 물이 있는 곳으로 옮겨 매고 해가 저물면 동네 소를 다 몰고 오심으로 동네사람들이 소에 대하여 아무런 염려를 하지 않았다고 하며 승지공께서 심으셨다는 은행나무가 거목으로 지금도 열매를 맺고 있다.

승지공께서 돌아가시자 효성이 지극하셨던 참판공 휘 창세(諱 昌世)께서 산소를

종사보감(宗史寶鑑)

구하시느라고 소를 타고 노성산 근처에 이르렀는데 마침 타고 오던 소가 갑자기 드러누워서 일어나지 않고 꼼짝도 하지 않았다. 이상하게 생각한 참판공은 그 자리를 장지(葬地)로 삼았으니 이곳이 바로 숭지공의 묘소이다. (충남 논산시 노성면 병사리 산1-3) 비봉산(飛鳳山) 서록의 병사 선영은 그 형국이 와우형(臥牛形) 또는 비봉포란형(飛鳳抱卵形)이라고 하는 명당으로 알려져 있어 그와 같은 곳에 선조를 모시게 된 것은 숭지공의 적선지음덕(積善之陰德)과 참판공의 성(誠)과 효(孝)가 감응되었기 때문이라고 생각된다.

숭지공 돈(承旨公 暾), 참판공 창세(參判公 昌世), 설봉공 수(雪峰公 燧), 동토공 순거(童土公 舜擧)가 계장(繼葬)되었고, 충헌공 전(忠憲公 烇)이 우록에 그리고 후사가 없으셨던 외선조(外先祖) 첨추 유공(僉樞 柳公)이 좌록에 모셔진 이곳 병사 국내에는 우람한 신도비가 5기(基)나 세워져 있는데 다른 곳에서는 그 유례를 찾기 힘들다.

350여년전에 종약(宗約)을 제정하고 종회를 열어 숭조경종과 종족발흥을 위한 제도와 시설도 갖추셨다. 노종은 가계상 성리학의 정통가문을 이룩하였는데 그 학통을 보면 동방 성리학의 창시자인 포은 정몽주로부터 야은 길재, 김종직, 김굉필, 조광조 등 일련의 정통으로 이어지고, 조광조가 강석(講席)을 양보할 정도로 학문이 깊으셨으며 퇴계, 율곡도 모두 존경해 마지 않았던 평와공(坪俉)은 당시 유문(儒門)의 보루가 되셨으며 다시 조광조 문인 성수심으로 부터 우계 성혼, 팔송 윤황, 노서 윤선거를 거쳐 명재 윤 증, 일암 윤동원, 소곡 윤광소로 빛나는 도학(道學) 계통이 이어져 내려왔다.

학문·도덕·문장·절의로 이름난 노성 문중은 오운 유일의 사액서원인 노강서원(魯岡書院 : 지방문화재 37호)이 300여년진에 광석면 오강리에 창건되어 팔송 문정공 황(八松 文正公 煌), 석호 충경공 문거(石湖 忠景公 文擧), 노서 문경공 선거(魯西 文敬公 宣擧), 명재 문성공 증(明齋 文成公 拯)의 삼세사현(三世四賢)이 향사되어 있으며 팔송공과 충헌공 두분은 불천지위(不遷之位) 사당에 모셔 있다.

300여년전에 동토공에 의하여 종학당(宗學堂)을 세우고 종인자제를 교육시켜 수많은 학자와 인재를 배출하였는데 최초의 현대식 교육기관이라 할 수 있다. 그 어느 문중에도 찾기 힘든(짧은 기간 동안) 과거 대과 급제자 46명을 낳은 것도 종학당의 힘이 컸기 때문이다. 그동안 종학당은 몇 차례 중수(重修)하였고 1988년 오방파의 헌성금(獻誠金)으로 강당을 신축하였으며 종학당은 지방문화재 충남 제293호로 지정되었다.

또한 종학당 옆에 강당을 신축하여 매년 1회(하계) 훈강교육(訓講敎育)을 실시하고 있다.

노성문중의 선조들은 빛나는 학문적 전통에 상응하는 많은 저작(著作)도 남기셨

파평윤씨 총람(坡平尹氏 總攬)

는데 팔송봉사(八松封事), 충헌공실기, 동토집, 석호집, 노서집, 용서집(龍西集), 명재유고, 농은집(農隱集), 일암집(一庵集), 소곡집(素谷集), 국헌집(菊軒集) 등의 문집은 조선사에 있어서 중요한 위치를 차지하고 있는 귀중한 문헌으로 평가되고 있는데 이밖에도 노종의 선조 사적을 집대성한 노종세편(魯宗世編) 21권이 편찬되었으니 노종의 귀중한 문헌이다.

임진왜란중에 의병을 일으키시어 진중(陣中)에서 병환으로 돌아가신 참판공께서 아드님 다섯분 첫째, 설봉공 수(燧) 둘째 문정공 황(煌) 셋째 충헌공 전(烇) 넷째 서윤공 흡 다섯째 전부공 회(燴)를 두셨는데 그 자손이 대대로 크게 번창하고 현달(顯達)하여 타성들이 부러워하는 노종 대가(大家)를 이루었으니 이 5형제분의 자손들을 흔히 「노종 5방파」라고 부른다. 장자이신 설봉공(雪峰公)은 문과급제후 죽산부사를 지내셨는데 후에 도승지에 추증되었고 차자이신 팔송공(文正公 煌)은 대과급제 하시고 대사간에 오르셨는데 정묘·병자호란 때 척화를 수창(首唱)하시어 후에 영의정에 추증되셨다.

공은 인조에게 올린 수많은 상소문을 통하여 호란(胡亂)이 재발할 것을 예견하시고 양병(養兵)과 보민(保民)을 극력 주장하셨는데 청음 김상헌 선생은 일찍이 팔송공의 간언(諫言)을 받아들였더라면 병자호란을 막을 수 있었을 것이라고 말한 바 있다.

제3자이신 충헌공(忠憲公)은 문과급제하신 후 필선(弼善)을 지내셨고 후에 이조판서에 추증되셨다.

공은 대학자로서 병자호란이 나자 봉림대군과 인평대군을 호종하여 강화도에 들어가셨는데 강화가 함락 당하자 항전 끝에 청병의 칼에 해를 입으시고 순국하시어 충신록에 드시었다.

제4자이신 서윤공(庶尹公)은 한성부 서윤을 지내셨고 후에 좌승지에 추증되셨는데 영남지방에 특파되셨을 때 기민(飢民) 구제에 전력하신 공으로 그 곳 관리와 백성들이 「거사비(去思碑)」를 세워 송덕(頌德)하였다고 한다.

다섯째 전부공(典簿公)은 종친부 전부(典簿)를 지내셨고 좌승지에 추증되셨다.

그 후 이 5형제분의 아드님('擧'字 항렬)이 모두 21분이고 그 다음 代('才'字 항렬)는 50분이 넘었으며 대를 거듭함에 따라 일대벌족(一大閥族)을 이루니 노종5방파는 호서(湖西)에서 이른바 「3대명문(三大名門)」의 하나로 꼽히였으며 명조(名祖)가 줄을 이었으니 「文」자 시호를 받으신 분이 7분(文正公, 文敬公, 文成公, 文溫公, 靖文公, 文貞公, 文獻公)이시고 「忠」자는 2분(忠憲公, 忠景公)이시며 조선 8도의 10여개 서원에 노종파 명조들이 배향되어 있는 것만 보아도 노종의 명성이 얼마나 높았는가를 알 수 있다.

팔송공은 아드님 여덟분, 즉 훈거(勛擧) 순거(舜擧) 상거(商擧) 문거(文擧) 선거

종사보감(宗史實鑑)

(宣擧) 민거(民擧) 경거(耕擧) 시거(時擧)를 두셨는데 그 중에서 네분(순거, 상거, 문거, 선거)은 사계 김장생(沙溪 金長生), 창랑 성문준(滄浪 成文濬), 수은 강항(睡隱 姜沆), 청음 김상헌(淸陰 金尙憲), 독신재 김집(獨愼齋 金集) 등 당대의 거유(巨儒)들에 사사하여 일세에 문명을 떨치셨다.

설봉공에게 출계하신 동토공 순거(舜擧)는 사계 김장생, 창랑 성문준, 수은 강항에게 학문을 배우시고 벼슬이 장령에 이르셨고, 아우님이신 석호공 문거(石瑚公 文擧), 노서공 선거(魯西公 宣擧) 그리고 종제(從弟)이신 용서공 원거(龍西公 元擧)와 더불어 네분이 사림(士林)간에 추앙을 받으셨다. 글씨가 뛰어나시어 명필의 경지에 이르렀으며 세분이 서예 3형제로 다같이 필원(筆苑 = 名筆錄)에 드셨다. 노서공은 신독재에게 사사하시고 당대의 손꼽히는 거유로 학덕이 더욱 고명하셨으나 병자호란 때 순사(殉死)하지 못했음을 한스러워 하시며 벼슬길에 나가지 않으시고 오로지 성리학에만 전념하였다.

한편 충헌공은 일곱 아드님 원거(元擧)·중거(仲擧)·숙거(叔擧)·계거(季擧)·동거(東擧)·오거(五擧)·팔거(八擧)를 두셨고, 서윤공은 다섯아드님 운거(雲擧)·홍거(鴻擧)·명거(溟擧)·해거(海擧)·봉거(鳳擧)를 두셨는데 감역공 봉거(監役公 鳳擧)는 전부공에게 출계하셨다.

노성공의 아드님이신 명재 문성공 증(拯)은 신독재, 시남, 탄옹, 초려, 백호, 동춘, 우암 등 당대 거유들의 훈도를 받으시고 일생을 성리학에 전념하시어 대유(大儒)가 되셨으며 학문과 도덕이 일세(一世)를 떨치시어 집에 계시면서 우의정, 판중추부사등 관직을 여러 번 제수 받으셨으나 끝내 나가지 않아「백의정승(白衣政丞)」이 되셨다. 숙종이 그렇게도 만나보기를 원했으나 상면하지도 못한 채 정승의 직위를 제수(除授)한 일은 동서고금을 통하여 유례를 찾아볼 수 없는 일이다.

이밖에 노종의 명조는 일일이 열거할 수 없을 정도이나 이조판서를 지내시고 태사공의 묘표를 지으신 문온공(文溫公) 혜교(惠敎), 영의정을 지내신 정문공(靖文公) 동도(東度), 이조판서를 지내시고 금석(金石)의 대가이신 판서공 동섬(東暹) 등이 있으며 판서, 참판 이상의 벼슬을 하신 분이 수십 분에 이르고 있다.

노종은 특히 태사공의 묘소를 수호하는데 앞장서 왔으며 대동보의 간행에도 많은 공헌을 하였다. 타 문중에서는 보기 힘든 노종사록(魯宗史錄)을 1986년에 한글판으로 발행하여 무가(無價)로 보급하였는데 이는 현 노종과 종회장인 덕병(德炳)의 단독 회사금으로 이루어진 것이다.

이밖에도 덕병(德炳) 회장은 노강서원 보수, 명재영당중수, 강당신축금 등으로 거액을 헌성 하였으며 명문중을 지키고 가꾸기 위해 헌신하고 있다.

노강사원, 병사재실, 종학당, 팔송사당, 명재고택, 명재영당, 충헌공사당 등 지방문화재를 7개나 보유하고 있는 노종은 정계, 재계, 학계 등 각 분야에서 눈부신

(3) 중화문중 전의공파(中和門中 典儀公派)

전의공 승휴(典儀公 承休, 14世)께서는 문숙공의 9대손이시고 저 유명한 장단군 소재 구절비룡(九折飛龍)의 명당자리에 모신 양간공(良簡公) 안숙(安淑)의 종손이 되시고, 영평군(鈴平君) 척(陟)의 장자(長子)이신데 소정공의 백부(伯父)이시고 판도공의 장형(長兄)이시며 세조대왕비 정희왕후의 친정아버님이신 정정공(貞靖公) 번(璠)의 백부이시다. 그리고 공민왕 때 판전의사사 숭록대부 지추밀원부사(判典儀寺事 崇祿大夫 知樞密院府事)라는 벼슬을 하셨는데 현재의 청와대 수석비서관이 된다. 전의공의 배위는 철원(동주)최씨인데 최영 장군의 조부 평장사 최웅(崔雍)의 따님이시니 전의공은 최영 장군의 고모부가 되신다.

고려말 이성계 일파에게 이성계를 죽이려는 음모를 꾸몄다고 강화로 귀양을 가신 곳에서 끝내 신원(伸冤)되지 못한 채 별세하였다.

연안군 자달동에 장례를 모셨는데 자달동 산소는 문숙공의 아버님이신 문정공(文靖公)의 묘소가 있는 곳이다. 조선 왕조가 들어서자 전의공의 손자이신 대호군 공 이(珥)께서 공의 유지(遺志)를 이어 불사이군(不仕二君)의 절개로 두문동(杜門洞)으로 피신하셨으니 그 후손은 출세의 길이 막히게 되었다.

전의공의 장자이신 직장공(直長公) 박(珀)은 신천(信川)에 정착하셨고, 3子이신 진사공(進士公) 종(種)은 손자를 네분 두셨는데 그 네분중에 감사공(監司公) 효성(孝誠)의 3대손인 목사공 우필(愚弼)의 후손이 중화문중을 이루게 되었다. 감사공의 아우 효려공(孝呂公)의 아드님 어모공(禦侮公) 말손(末孫)께서는 북병사(北兵使)로 의주(義州)에 부임했다가 그곳에 정착하셨다.

중화문중의 중시조가 되신 목사공께서는 세조 때 진사가 되시고 그 후 사재감(司宰監)의 사재령을 거쳐 안주목사가 되셨는데 재임 중 공평하게 다스리고 치적이 훌륭해서 사람마다 칭송해 마지않았다 한다.

바로 그 당시는 연산군 폭정시라 한양에 가시기를 꺼려 퇴임하시고 평양에 사시다가 1490년경에 두 아드님을 데리고 전대의 가보인 문숙공의 좌익장(左翊將)이란 왕지(王旨)를 받들고 중화에 정착하셨다.

중화(中和)는 평양에서 남쪽으로 약 20km, 서울에서 200km정도 떨어진 곳에 있는데 농토가 비옥해서 농사가 일찍부터 발달했던 곳이다.

따라서 중화의 선조들께서는 큰 농장을 가지고 농장주가 되시어 소위 천석지기를 하는 분들이 많았다한다.

임진왜란 때 중화문중 四忠臣의 한분인 은노(殷老)공은 피난 가는 임금님의 가마를 평양까지 급히 모셔 위급을 구하셨고, 붕(鵬)공은 400여 청년들과 함께 왜병

종사보감(宗史寶鑑)

을 막는데 앞장서 항전했다. 이때의 중화문중 사충신(四忠臣)이란 은형(殷衡), 은노(殷老), 인(麟), 붕(鵬) 네분을 말한다.

150년이나 지난 후에(영조 때) 의열사(義烈祠)라는 사액을 받아 사당을 세워 모시게 되었고 의열비(義烈碑)를 세워 공을 기렸다.

목사공께서 중화로 낙향하신 이래 큰 벼슬을 하신 조상은 안 계시지만 그저 평화롭고 겸허하게 양반의 체통을 지키며 조상에 대한 긍지를 가지고 초야에 묻혀 경제적으로 안정된 삶을 누리고 사셨다. 저 유명한 용곡서원(龍谷書院)에 수학하신 분이 여럿이었는데 은형공의 손자 곡은공 적(谷隱公 迪)의 형제분은 후진양성을 위해 교육에 힘을 쏟으셨다.

27世이신 현립(顯立)공은 병자호란 때 싸우시다가 순절하셨고 공의 아들 환(煥)은 효자로서 또 공의 자부(子婦) 조씨(趙氏)는 열녀로 표창 받았다.

교리공(校理公) 기주(基周)는 곡은공(谷隱公)의 8대손이신데 학덕이 고매해서 가문을 크게 빛내셨다. 중화문중은 양무대(楊武垈)의 삼성재(三省齋 = 큰 서재), 영진방(永津坊)의 목재(穆齋), 죽산(竹山)의 웃서재 등 세군데 사숙(私塾)에서 다투어 영재를 키워 과거 시험 대과에 7명, 소과에 18명을 급제시켰다.

중화는 원래 자연조건이 좋아서 부촌(富村)인데다 중화문중은 문숙공의 후예요, 사충신(四忠臣)의 가문이라, 양반의 특전을 누렸고 지방관속의 수탈을 비교적 덜 받았기 때문에 막강한 재력을 가진 분이 많아서 그 재력으로 자제들 교육에 힘을 썼고 나아가서는 사회에 공헌하신 분들이 적지 않았다.

두혁(斗赫 34世)공은 대과에 급제한 후 지평(持平)을 하셨는데 대원군 집권에 재정적 공헌을 하셨으며 인재양성에 힘을 기울이셨고, 지평공 두혁의 손자이신 진신(鎭莘)공, 도홍(道弘)공은 고향출신 청년들에게 교육의 뒷바라지를 열심히 하여 큰 인물을 많이 배출하게 되었다.

은노공의 9대손인 감역공(監役公) 섭(燮)은 퇴락해가는 의열사(義烈祠)를 중수하셨고, 자비(自費)로서 파보(派譜 = 己酉譜)를 간행하였다. 감역공의 손자이신 태진(台鎭)공은 계해년 홍수 때 사재를 털어 수많은 인재를 구제했으며 안창호 등과 함께 애국단체인 서북학회(西北學會)를 조직하기도 하였다.

중화문중은 자녀들에 대한 교육에 남달리 심혈을 기울이고 있으므로 각 방면에서 이 나라 발전에 크게 기여하는 종인이 더욱 많이 배출될 것이다. 현재 월남한 중화문중의 가구수는 대략 350가구로 추산하고 있으며 1980년에 파보를 간행하였다.

(4) 야성군파(野城君派)

야성군은 태사공의 14세손으로 휘는 혁(赫)이신데 고려말기 충숙왕의 부마(駙馬

파평윤씨 총람(坡平尹氏 總覽)

: 사위)로 벼슬은 금자광록대부(金紫光祿大夫)이며 야성군(野城君)으로 봉군되셨다.

야성군은 야성(野城 : 현재의 영덕)을 식읍지(食邑地)로 하사받아 공의 배위(충숙왕의 딸)이신 정경부인 왕씨와 함께 야성에 내려오셔서 그 고을의 중심지인 궁촌(宮村 : 경북 영덕군 달산면 용평동)을 택하시어 주택을 지으셨는데 그 규모가 궁궐 같았기에 그 마을의 이름도 궁촌(宮村)이라고 불려왔다.

야성군은 우민선치(憂民善治)하면서 그곳에서 여생을 보내셨다.

그 후 2~3대손에 이르러 고려가 망하고 조선왕조가 들어서자 고려조 왕씨족을 위시한 인척들을 모두 살육할 때 야성군의 증손 휘 흥룡(諱 興龍)공은 화가 미칠까 염려하여 궁촌(宮村)을 떠나 망명의 길을 떠나 정착하신 곳이 평해군 기성면 마산동, 지금의 삼산리 일명 골맛 산곡마을에서 은거 생활을 하시고, 아드님이신 부호군공 휘 원생(諱 原生)은 재질과 문학 행신(行身)이 비범하시어 평해군지(郡誌)에 명성과 덕망이 높은 분으로 등재되었다.

그 후 2백여년동안 보관해오던 족보도 불행히 실화로 소진되고 보니 야성군이상 세계(世系)가 막연하고 야성군 묘소도 실전하게 되었다.

야성군의 11대손 우암(憂菴) 선생 휘 시형(諱 時衡)은 300여년간 세업(世業)이 퇴타(頹墮)함을 통탄하시고 야성군을 시조로 효종 12년(1661년)에 처음으로 본관을 야성으로 하여 야성 윤씨 족보를 수단 간행하고 숙종 34년(1708년)에 2차 중수 족보, 정조 11년(1787년)에 3차중수 수단 간행하여 세상에 야성 윤씨를 알리게 되었다.

그 후 야성군의 18세손 소원당 휘 행하(紹遠堂 諱 行夏)공은 야성군의 세차(世次)를 알기 위해 매곡(梅谷), 만송(晩松) 제공(諸公)들과 본계(本系)를 상고하여 1863년(癸亥)에 분암보(墳菴譜)한 것이 비로소 파평으로 환본되어 경신대보(1920년)를 편찬할 때 계해보에 의거하여 양간공의 자(子) 판서공 이(莅)공의 제4子로 편찬되었다. 이때 각지에 산재한 자손들이 야성군의 실묘를 통한히 여기고 전해오는 말을 참작하여 옛 궁촌을 답사해 본족「윤능골」이라고 부르고 있는 곳을 찾아갔다. 야성군의 14世손 휘 사달(諱 思達)공과 그 족질 소계공 휘 회(蘇溪公 諱 繪)가 묘를 찾기에 고심하던 중 달산 모(某)절에 있는 시주승을 만나 계곡을 가고 있는데「이 계곡이 윤능골이라 하고 이 계곡 위에서 힘차게 내려온 장등을 윤능등이라 하며 그 계곡내 남향의 큰 봉오리에 큰 고총(古塚)이 좌중심으로 되어 있는바 좌우산죽(左右山竹)과 계절석축(階節石築)을 볼 때 아마도 수백년된 고총(古塚)이며 평범한 사람의 무덤이 아닌 것 같다」라는 말을 듣고 지석(誌石)을 찾다가 계곡 논가에서 비석파편을 발견하니「자좌오향(子坐午向)」의 음각이었다. 이것이 야성군의 능묘로 인정하게 되어 그 해 10월에 영역을 수봉하고 관터, 대지

종사보감(宗史實鑑)

10여 필지 천여평과 그 곳에 관여된 논 2두락을 찾아 위토로 봉하고 매년 10월 15일에 절사를 모시기로 하였다.

그 후 야성군의 21세손 해규공(海奎公)이 1957년에 임야 3·8정보를 위토로 내놓았고 1960년에 영역을 재개봉하여 묘갈과 상석등 석물을 설치하였다.

3. 전국의 주요 세거지 유래(世居地 由來)

전국의 각 지방별로 오랫동안 살아오면서 민족사회(民族社會)에 커다란 공적(功績)을 쌓아온 선조들께서 세거(世居)하시게 된 유래(由來)를 살펴본다.

(1) 서 울

▲서울 도봉구 미아리

참의공 휘 은(參議公 諱 垠)의 넷째 아드님이신 별좌공 휘 사화(別坐公 諱 師華)의 제4자(四子) 별좌공 휘 질(別坐公 諱 礩)의 후손이 세거하신다.

▲서울 동대문구 신내동

영은공 휘 흥상(永隱公 諱 興商)의 제3자(三子) 군수공(郡守公) 휘 홍의 제3자(三子) 진사공 휘 상은(進士公 諱 尙殷)의 손자이신 진사공 휘 희 만(進士公 諱希萬)께서 황주(黃州)에서 파주(坡州)로 와 사시다가 임진왜란때 이곳으로 오셨다.

(2) 인 천

▲인천시 북구 신현동(新峴洞)

4효자중(四孝子中), 제3자(三子)이신 지평공 휘 진파(持平公 諱 振坡)의 후손들이 세거하신다.

▲인천시 북구 부평동

호(號)가 창주(滄州)이신 감사공 휘 지경(監司公 諱 知敬)의 자(子) 판서공 휘 집(判書公 諱 鏶)의 제3자(三子) 세마공 휘 원(洗馬公 諱 源)의 후손들이 세거하신다. 후손 일부는 경기도 이천으로 옮겨 살고 계신다.

▲인천시 장수동

정희공 휘 경(靖僖公 諱 絅)의 아우 군수공 휘 수(郡守公 諱 綬)의 후손이 세거하신다.

▲인천시 도화동

정정공의 제3자(三子)이신 양평공 휘 사흔(襄平公 諱 士昕)의 자(子) 공양 휘 계겸(恭襄公 諱 繼謙)의 차자(次子) 사과공 휘 선(司果公 諱 瑄)께서 연산군

이 폭정을 일삼을 때 벼슬을 버리고 인천 송림동으로 오시어 두문불출 하셨고 그 후손들이 계속하여 인천에 세거하신다.

(3) 경기도

▲양주군 남면 입암리(楊州郡 南面 笠岩里)
한성공 휘 희제(漢城公 諱 希齊)의 제5자(五子) 목사공 휘 훈(牧使公 諱 燻)의 자(子) 호군공 휘 사점(護軍公 諱 師點)의 제4자(四子) 어모공 휘 박(禦侮公 諱 璞)의 자(子) 사과공 휘 종형(司果公 諱 宗亨)의 제4자(四子) 인목대비 보호공신 총관공 휘 홍(摠官公 諱 鴻)의 자(子) 통덕랑공 휘 승임(通德郞公 諱 承任)의 장자(長子) 참봉공 휘 철(參奉公 諱 喆)의 후손들이 한성공의 묘를 수호하고 세거하신다.

▲양주군 주내면 어둔리(楊州郡 州內面 於屯里)
익헌공 휘 양래(諱 陽來)의 후손들이 세거하신다.

▲양주군 주내면 고읍리(楊州郡 州內面 古邑里)
참판공 휘 원필(諱 元弼)의 제3자(三子) 천안공 휘 회(天安公 諱 繪)의 차자(次子) 천안공 휘 인현(諱 仁賢)께서 이곳으로 낙향하셨고 공의 5대손인 참판공 휘 재명(諱 在明)의 7대손 경수(敬秀)氏가 문숙공신도비(文肅公神道碑)를 독담(獨擔)으로 건립하였다.

▲양주군 진접면 팔야리(楊州郡 榛接面 八夜里)
정정공의 제3자(三子) 우의정이신 양평공 휘 사흔(諱 士昕)의 현손이신 정평공 휘 지임(靖平公 諱 之任)의 제3자(三子) 참판공 휘 원필(諱 元弼)의 손자이신 승지공 휘 경복(諱 慶福)의 3자(三子) 백천공 휘 광(百川公 諱 俒)의 증손이신 통덕랑공 휘 성백(諱 聖伯)께서 이곳으로 옮기시어 후손들이 세거하신다.

▲양주군 양접면 연평리(楊州郡 楊椄面 蓮坪里)
영천부원군 휘 삼산(諱 三山)의 제5자(五子) 정호공 휘 탄(丁胡公 諱 坦)의 불천위 사당(不遷位 祠堂)을 모시고 그 후손이 세거하신다.

▲양주군 진건면 사능리(楊州郡 眞乾面 思陵里)
정정공의 차자(次子) 성안공 휘 사균(諱 士昀)의 증손 충의공 휘 임(忠毅公 諱 任)의 제5자(五子)로서 임진왜란때 부산 다대포에서 순절하신 첨사공 휘 홍신(諱 興信)의 후손들이 세거하신다.

▲양평군 강상면 화창리(楊平郡 江上面 花暢里)
① 공양공 휘 계겸(恭襄公 諱 繼謙)의 제5자(五子) 삭령공 휘 무(朔寧公 諱 斌)의 차자(次子) 증판서공 휘 돈인(諱 敦仁)의 증손이신 직장공 휘 성득(諱

誠得)께서 이곳으로 내려오시어 그 후손들이 세거하신다. 후손중 여주군 개군면 불곡리에 사는 후손도 많다.
② 부마공 휘 암(駙馬公 諱 嚴)의 차자(次子) 사직공 휘 준동(諱 俊童)의 후손들이 세거하신다.

▲남양주시 화도면 구암리(南楊州市 和道面 九岩里)
태위공의 현손 교리공의 5대손 휘 사성(諱 思誠)公의 후손들이 세거하신다.

▲양평군 강하면 항금리(楊平郡 江下面 恒今里)
서파공 휘 개(西坡公 諱 漑)의 현손이신 참의공 휘 준(諱 鐏)의 후손들이 세거하신다.

▲용인시 원삼면 사암리(龍仁市 遠三面 沙岩里)
병판공 휘 잠(兵判公 諱 岑)의 제5자(五子) 승지공 휘 지숭(諱 之崇)의 장자(長子) 사간공 휘 세림(諱 世霖)께서 수원(水原)으로 내려오셨고 公의 9대손인 승지공 휘 동오(諱 東五) 형제분이 죽산(竹山)으로 옮기셨는데 지금의 용인이다.

▲용인시 구성면 마곡리(龍仁市 駒城面 麻谷里)
영원부원군 휘 호(諱 壕)의 차자(次子) 파천부원군 휘 탕노(坡川府院君 諱 湯老)의 후손들이 세거하신다.

▲용인시 이동면 송전리(龍仁市 二東面 松田里)
통례공의 제5자(五子) 목사공 휘 탕(諱 宕)의 장자(長子) 판서공 휘 응규(諱 應奎)의 장자(長子) 직장공 휘 인흡(諱 仁洽)의 후손들이 세거하신다. 당진군 합덕면 운산리에도 公의 후손들이 세거하신다.

▲이천시 마장면 관리(利川市 麻長面 冠里)
영천부원군의 제3자(三子) 영원부원군 휘 호(諱 壕)의 차자(次子) 파천부원군 휘 탕노(諱 湯老)의 자(子) 도정공 휘 진(諱 珍)의 차자(次子) 쌍백당공 휘 유후(雙栢堂公 諱 裕後)의 증손 승지공 휘 시경(諱 時慶)의 제5자(五子) 진사공 휘 심성(諱 心誠)의 자(子) 정후공(鼎厚公)께서 이곳으로 내려오시어 그 후손들이 세거하신다.

▲포천군 군내면 용정리(抱川郡 郡內面 龍井里)
달촌공 휘 국형(諱 國馨)의 자(子) 감사공 휘 경립(諱 敬立)의 차자(次子) 판서공 휘 세징(諱 世徵)의 후손들이 세거하신다.

▲포천군 청송면 백의리(抱川郡 青松面 白蟻里)
죽재공 휘 인함(竹齋公 諱 仁涵)의 제3자(三子) 집의공 휘 홍유(諱 弘裕)의 후손들이 세거하신다.
시조 태사공의 신도비를 독담하여 건립한 구보(龜普)氏가 公의 후손이다.

▲소래면 은행리(蘇萊面 銀杏里)
　소부공의 차자(次子) 판서공 휘 해(諱 侅)의 자(子) 정후공 휘 호(靖厚公 諱 虎)의 5대손이신 정랑공 휘 희성(正郞公 諱 希聖)의 증손 승지공 휘 제(諱 璿)의 장자(長子) 통덕랑공 휘 징초(諱 徵初)의 후손이 세거하신다.

▲화성군 일왕면 청계리(華城郡 日旺面 淸溪里)
　사과공 휘 진(司果公 諱 珍)의 아우님 사의공 휘 림(司議公 諱 琳)의 자(子) 판서공 휘 춘년(諱 春年)의 후손들이 세거하신다.

▲화성군 일왕면 율림리(華城郡 日旺面 栗林里)
　감사공 휘 임(諱 臨)의 제5자(五子) 봉사공 휘 지득(奉事公 諱 之得)의 자(子) 판관공 휘 은(諱 誾)의 장자(長子) 참판공 휘 시영(諱 時英)의 차자(次子) 증 영의정공 휘 징(諱 澄)의 후손이 세거하신다.

▲김포시 월곶면 개곡리(金浦市 月串面 開谷里)
　천안으로 하야하신 통덕랑공 휘 종립(諱 宗立)의 둘째와 셋째 아드님의 후손들이 세거하신다.

▲김포시 계양면 오유리·병방리(金浦市 桂陽面 梧柳里·兵房里)
　대언공의 차자(次子) 시령공 휘 보(侍令公 諱 輔)의 장자(長子)이신 밀직공 휘 취(密直公 諱 就)의 후손중 사효자(四孝子)집으로 유명한 후손들이 세거하신다.

▲김포시 고촌면 신곡리(金浦市 高村面 新谷里)
　봉사공 휘 지득(奉事公 諱 之得)의 증손 아산공 휘 청(牙山公 諱 淸)의 차자(次子) 참판공 휘 신민(諱 新民)께서 다섯 아드님이 과거에 급제하시어 영화를 보셨으며 지금도 여기에 오자등과(五子登科)가 있다.

▲김포시 양동면 신당리(金浦市 陽東面 新堂里)
　판서공 휘 혜(諱 譓)의 차자(次子) 부위공 휘 사심(副尉公 諱 思深)의 차자(次子) 정랑공 휘 정(諱 霆)의 손자 대제학공 휘 기(諱 祁)의 증손이신 판서공 휘 덕준(諱 德駿)의 후손은 인천에 세거 하시고, 판서공의 제4자(四子) 진사공 휘 사식(諱 思湜)의 손자이신 경무랑공 휘 건원(慶務郞公 諱 建元)의 후손들은 김포에 사신다.

▲평택시 진위면 은산리 미동(平澤市 振威面 銀山里 美洞)
　병판공 휘 잠(兵判公 諱 岑)의 제3자(三子) 봉사공 휘 지윤(諱 之崙)의 자(子) 직장공 휘 삼손(諱 三孫)의 차자(次子) 진사공 휘 문(諱 聞)의 5대손 통정공 휘 취삼(通政公 諱 就三)이 기묘사화를 피해서 이곳으로 낙향하시어 그 후손들이 세거하신다.

▲평택시 오성면 금곡리(平澤市 梧城面 金谷里)

종사보감(宗史實鑑)

시령공 휘 보(侍令公 諱 輔)의 장자(長子) 밀직공 휘 취(諱 就)의 차자(次子) 원평군 휘 구(諱 救)의 자(子) 부사공 휘 홍(諱 洪)의 3자(三子) 판서공 휘 공(諱 恭)의 자(子) 서원군 휘 사정(瑞原君 諱 士貞)의 후손들이 세거하신다.

▲**시흥시 군자면(始興市 君子面 : 現 安山市)**
한성공의 차자(次子) 참의공 휘 은(諱 垠)의 장자(長子) 충경공 휘 사로(忠景公 諱 師路)의 차자(次子) 부정공 휘 인(副正公 諱 磷)의 손자이신 부마공 휘 섭(諱 燮)의 후손들이 세거하시는데 두포(杜浦)·동산(東山)·양강(楊江)의 3형제 명현(名賢)이 나섰다.

▲**광주군 실촌면 삼합리(廣州郡 實村面 三合里)**
서파공의 자(子) 승지공 휘 비(諱 悲)의 장자(長子) 한계공 휘 담휴(寒溪公 諱 覃休)의 자(子) 찰방공 휘 지백(諱 知白)의 차자(次子) 참의공 휘 박(諱 鎛)의 후손이 세거하신다.

▲**광주군 서부면 항리(廣州郡 西部面 項里)**
쌍백당공 휘 유후(雙栢堂公 諱 裕後)의 자(子) 참군공 휘 조(參軍公 諱 肇)의 차자(次子) 선교랑공 휘 상인(宣敎郞公 諱 商仁)의 차자(次子) 통정공 휘 흥경(諱 興慶)의 후손들이 세거하신다.

▲**광주군 대왕면 금사리(廣州郡 大旺面 金士里)**
영상공 휘 필상(領相公 諱 弼商)의 아우이신 영은공 휘 흥상(永隱公 諱 興商)의 차자(次子) 참판공 휘 부(諱 傅)의 후손이 세거하신다.

▲**광주군 서종면 벽계리(廣州郡 西宗面 碧溪里)**
영상공 휘 필상(諱 弼商)의 장자(長子) 참의공 휘 간(諱 侃)의 증손 6형제중 넷째이신 사과공 휘 종노(司果公 諱 宗老)의 후손이 임진왜란시 낙향하시어 세거하신다.

▲**안성시 일죽면 삼은리(安城市 一竹面 三隱里)**
영원부원군 휘 호(諱 壕)의 후손이 임진왜란시 이천으로 오셨다가 이곳으로 옮기시어 그 후손들이 세거 하신다.

▲**안성시 일죽면 산전리(安城市 一竹面 山田里)**
폐비윤씨의 친정 셋째조카이신 첨성공 휘 지청(諱 之淸)이 이곳으로 낙향하시어 그 후손들이 세거하신다.

▲**안성시 이죽면 장계리(安城市 二竹面 長溪里)**
달촌공 휘 국형(達村公 諱 國馨)의 제3자(三子) 군수공 휘 정립(諱 貞立)의 후손들이 세거하신다.

▲**안성시 이죽면 두교리(安城市 二竹面 斗橋里)**
감사공 휘 지경(諱 知敬)의 자(子) 판서공 휘집(諱 鏶)의 장자(長子) 판관공

파평윤씨 총람(坡平尹氏 總攬)

휘 주(諱 湊)의 차자(次子) 군수공 휘 휘계(諱 彙啓)의 후손들이 세거하신다.
▲안성시 이죽면 장릉리(安城市 二竹面 長陵里)
4효자중(四孝子中) 넷째이신 지평공 휘 홍파(持平公 諱 弘坡)의 후손들이 세거하신다.
▲안성시 이죽면 두교리(安城市 二竹面 斗橋里)
사과공 휘 선(司果公 諱 瑄)의 차자(次子) 지평공 휘 이손(諱 李孫)의 증손이신 주부공 휘 도홍(主簿公 諱 道弘)께서 기묘사화시 이곳으로 귀양오시어 별세하셨고 그 후손들이 세거하신다.
▲안성시 삼죽면 삼은리(安城市 三竹面 三隱里)
영원부원군 휘 호(諱 壕)의 장자(長子) 판서공 휘 은노(諱 殷老)의 자(子) 사맹공 휘 형(司猛公 諱 珩)의 자(子) 현감공 휘 안복(諱 安福)의 후손들이 광해군 때에 벼슬을 아니하고 하야하시어 그 후손들이 세거하신다.
▲안성시 원곡면 신풍리(安城市 元谷面 新豊里)
목사공의 자(子) 판서공 휘 웅규(諱 應奎)의 차자(次子)이신 죽재공 휘 인함(竹齋公 諱 仁涵)의 후손들이 세거하신다.
▲안성시 대덕면 삼한리(安城市 大德面 三閑里)
파천부원군 휘 탕노(坡川府院君 諱 湯老)의 자(子) 도정공 휘 진(都正公 諱 珍)의 차자(次子) 쌍백당공 휘 유후(雙栢堂公 諱 裕後)의 자(子) 참군공 휘 조(參軍公 諱 肇)께서 광해군의 폐모를 반대하시다가 옥사하시어 공의 후손들이 이곳으로 낙향하시어 세거하신다.
▲안성시 공도면 관기리(安城市 孔道面 官基里)
판서공 휘 잠(諱 岑)의 제5자(五子) 승지공 휘 지숭(諱 之崇)의 차자(次子) 참판공 휘 연림(諱 延霖)의 차자(次子) 판서공 휘 희렴(諱 希廉)의 자(子) 달촌공 휘 국형(達村公 諱 國馨)의 후손들이 세거하신다.
▲여주군 여주읍 삼교리(驪州郡 驪州邑 三橋里)
직장공 휘 성득(直長公 諱 誠得)의 아우인 목사공 휘 경득(諱 敬得)의 차자(次子)이신 휘 상원(諱 尙元)公의 후손들이 세거하신다.
▲여주군 금사면 하호리(驪州郡 金沙面 下虎里)
서파공 휘 개(西坡公 諱 漑)의 후손이 서파공의 영정을 모시고 세거하고 있으며 심씨와의 소송비 40만원을 제공한 문중이다.
▲여주군 금사면 금사리(驪州郡 金沙面 金沙里)
함안백의 증손이신 충간공 휘 황(忠簡公 諱 璜)의 장자(長子) 판서공 휘 덕생(諱 德生)의 9대손이신 백호공 휘 휴(白湖公 諱 鑴)의 후손들이 세거하신다.
▲여주군 대신면 도농리(驪州郡 大神面 道農里)

종사보감(宗史實鑑)

서파공의 자(子) 승지공 휘 비(諱 悲)의 차자(次子) 제학공 휘 담무(諱 覃茂)의 장자(長子) 집의공 휘 지성(諱 知誠)의 후손들이 세거 하신다.

▲강화군 양도면 인산리(江華郡 良道面 仁山里)
감사공 휘 지경(諱 知敬)의 자(子) 판서공 휘 집(諱 鏶)의 차자(次子) 병판공 휘 심(諱 深)의 후손들이 세거하신다.

▲강화군 양도면 삼흥리 산문(江華郡 良道面 三興里 山門)
정희공 휘 경(靖僖公 諱 絅)의 아우이신 승지공 휘 채(諱 綵)의 후손이 세거하시며 심씨와의 산송(山訟)시 소송비용 20만원을 내신 문중이다.

▲강화군 하점면(江華郡 河岾面)
4효자(四孝子)중 둘째이신 지평공 휘 기파(諱 起坡)의 후손들이 세거하신다.

▲파주시 임진면 마정리(坡州市 臨津面 馬井里)
승지공 휘 제(諱 璾)의 차자(次子)이신 통덕랑공 휘 징재(諱 徵再)의 후손들이 세거하면서 소부공의 단소를 모시고 있으며 비각과 재실이 있다.

▲파주시 천현면 직천리(坡州市 泉峴面 直川里)
영상공 휘 태산(諱 太山)의 차자(次子) 부마공 휘 암(諱 巖)의 후손들이 세거하셨고 판도공이하 4代 5位의 영모단(永慕壇)이 있다.

▲파주시 법원읍 법원리(坡州市 法院邑 法院里)
참판공의 제4자(四子) 현감공 휘 유(諱 愈)의 후손들이 세거하신다.

▲파주시 교하면(坡州市 交河面)
양간공의 장자(長子) 판서공 휘 이(諱 茬)의 후손들이 조선에 불복신(不服臣) 집으로 세거하여 오셨다.

▲파주시 교하면 와동리(坡州市 交河面 瓦洞里)
세조의 장인이신 정정공 휘 번(貞靖公 諱 璠)이하 증직(贈職)까지 합하여 9정승, 7부원군, 8판서, 12승지, 30참판의 분묘와 3대 불천위(不遷位) 사당을 모신 문중으로 그 후손들이 거문중을 이루고 세거하신다.

▲파주시 탄현면 문지리(坡州市 炭縣面 文智里)
참의공 휘 은(諱 垠)의 제6자(六子) 통례공 휘 사하(諱 師夏)의 장자(長子) 군수공 휘 염(諱 礌)의 장자(長子) 승지공 휘 봉종(諱 奉宗)께서 이곳으로 낙향하시어 그 후손들이 세거하신다. 이 후손중에 병계(屏溪)·석문(石門)·포암(圃岩) 3형제 명현(名賢)이 나셨다.

▲개풍군 북면 13소리(開豊郡 北面 十三所里)
한성공 휘 희제(諱 希齊)의 장자(長子)이신 백천공 휘 경(白川公 諱 垌)의 분묘와 公의 제3자(三子) 영상공 휘 필상(諱 弼商)의 분묘가 있는 곳으로 종손이 세거하신다.

▲의정부시 신곡동(議政府市 新谷洞)
 태위공 휘 안비(太尉公 諱 安庀)의 현손 교리공 휘 돈(諱 惇)의 후손들이 세거하신다.
▲연천군 연천읍 옥산리(漣川郡 漣川邑 玉山里)
 영천부원군 휘 삼산(諱 三山)의 증손 참봉공 휘 선(諱 璿)의 차자(次子)무위장공 휘 수익(武衛將公 諱 壽益)의 후손들이 세거하신다.

(4) 강원도

▲춘천시 동면 감정리(春川市 東面 甘井里)
 파원군 휘 지강(諱 之崗)의 아우이신 판서공 휘 지준(諱 之峻)의 후손들이 병자호란시 낙향하시어 세거하신다.
▲춘천시 서면 금산리(春川市 西面 錦山里)
 부윤공 휘 보로(府尹公 諱 普老)의 차자(次子) 영상공 휘 태산(諱 太山)의 자(子) 병판공 휘 잠(兵判公 諱 岑)의 차자(次子) 파원군 휘 지강(坡原君 諱 之崗)의 자(子) 파성군 휘 금손(坡城君 諱 金孫)의 자(子) 승지공 휘 자임(諱 自任)의 현손 호군공 휘 상필(諱 商弼)의 장자(長子) 휘 정기(諱 廷箕)의 후손들이 병자호란시 낙향하시어 세거하신다.
▲춘천시 신북읍, 사북읍(春川市 新北邑, 史北邑)
 시령공 휘 보(侍令公 諱 輔)의 5대손이신 정국공신 서원군 휘 사정(瑞原君 諱 士貞)의 후손들이 병자호란때 낙향하시어 세거하신다.
▲춘천시 신동읍 유포리(春川市 新東邑 柳浦里)
 4효자중 맏집이신 지평공 휘 흥성(持平公 諱 興城)의 후손들이 세거하신다.
▲원주시 귀래면 운남리(原州市 貴來面 雲南里)
 참의공 휘 은(參議公 諱 垠)의 제4자(四子) 별좌공 휘 사화(別坐公 諱 師華)의 제4자(四子) 별좌공 휘 질(諱 礩)의 자(子) 진사공 휘 세경(諱 世卿)의 후손들이 세거하신다.
▲원주시 부논면 손곡리(原州市 富論面 蓀谷里)
 한성공의 장자(長子) 백천공 휘 경(白川公 諱 坰)의 제4자(四子) 진사공 휘 괄(諱 佸)께서 부친이 귀양가신후 도피해서 이곳으로 낙향하시어 그 후손들이 세거하신다.
▲원주시 지정면 무장리(原州市 地正面 茂長里)
 정평공 휘 지임(靖平公 諱 之任)의 제4자(四子) 도정공 위 원로(都正公 諱 元老)의 후손은 5자(五子) 등과하신 집이고 3대효자 4대 명필로 유명했던 집인대 도정공의 6대손 부사공 휘 상익(府使公 諱 商翊)께서 이곳으로 낙향하시어

종사보감(宗史寶鑑)

그 후손들이 세거하신다.
▲횡성군 둔내면 방내리(橫城郡 屯內面 坊內里)
부마공 휘 암(諱 巖)의 차자(次子) 사직공 휘 준동(諱 俊童)의 후손들이 세거하신다.
▲양양군 손양면 밀양리(襄陽郡 巽陽面 密陽里)
곡성현감공 휘 사은(諱 師殷)의 자(子) 사과공 휘 걸(諱 傑)의 제3자(三子) 사정공 휘 회신(司正公 諱 懷信)의 자(子) 휘 천운공께서 임진왜란시 낙향하시어 그 후손들이 세거하신다.
▲양양군 죽왕면 인정리(襄陽郡 竹旺面 仁亭里)
참의공의 제2자(二子) 만돈암공 휘 사석(晩遯菴公 諱 師晳)의 장자(長子)수의공(修義公)의 자(子) 찰방공 휘 은좌(諱 殷佐)의 장자(長子) 휘 근(諱 瑾)께서 예천 용궁에서 간성(杆城)으로 오셨고 그 후손들이 이곳에 세거하신다.
▲양구군 남면 청리(楊口郡 南面 晴里)
제학공의 장자(長子) 군수공 휘 환(諱 煥)의 차자(次子) 사직공 휘 훤(司直公 諱 暄)의 손자이신 첨정공 휘 사경(僉正公 諱 士卿)께서 연산조 필화시에 벼슬을 버리고 이곳으로 낙향하시어 그 후손들이 세거하신다.
▲고성군 거진면 화포리(高城郡 巨津面 花浦里)
제학공의 장자(長子) 군수공 휘 환(諱 煥)의 증손이신 첨정공 휘 사경(諱 士卿)의 자(子) 통덕랑공 휘 은로(諱 殷老)의 자(子) 진사공 휘 명(諱 銘)의 자(子) 통훈대부 휘 회근(諱 懷謹)公의 제4자(四子) 처사공 휘 희필(處士公 諱 希弼)의 후손들이 양구로부터 이곳으로 옮겨 세거하신다.
▲인제군 남면 귀둔리(麟蹄郡 南面 鬼屯里)
충의공 휘 임(忠毅公 諱 任)의 자(子) 휘 흥인(諱 興仁)公의 후손이 없는것으로 알아왔으나 황해도에서 귀양살이 하는 윤씨끼리 편집한 족보에서 새로 발견된 충의공의 종손 후손들이 세거하신다.

(5) 충청남도
▲논산시 노성면, 광석면, 성동면, 부적면
(論山市 魯城面, 光石面, 城東面, 夫赤面)
소정공의 현손 평와공 휘 탁(平窩公 諱 倬)의 손자이신 승지공 휘 돈(承旨公 諱 暾)께서 광석면 득윤리(光石面 得尹里)에 낙향하셨고, 승지공의 자(子) 참판공 휘 창세(諱 昌世)께서 설봉공 휘 수(雪峰公 諱 燧), 문정공 휘 황(文正公 諱 煌), 충헌공 휘 전(忠憲公 諱 烇), 서윤공(庶尹公), 전부공 휘 희(典簿公 諱 熺) 다섯 형제분을 두셨는데 그 후손들이 노성윤씨 또는 노종 5방파라 불리

파평윤씨 총람(坡平尹氏 總攬)

우며 세거 하신다.
▲논산시 연산면 송산리(論山市 連山面 松山里)
정정공의 장자(長子) 이정공 휘 사분(夷靖公 諱 士盼)의 자(子) 호판공 휘 흠(戶判公 諱 欽)의 자(子) 처사공 휘 적손(處士公 諱 適孫)의 장자(長子) 부사공 휘 경인(府使公 諱 慶仁)의 후손들이 세거하신다.
▲논산시 구자곡면 마산리(論山市 九子谷面 馬山里)
장령공 휘 배(掌令公 諱 培)의 장자(長子) 부사공 휘 사상(府使公 諱 師商)의 제3자(三子) 명은공 휘 황(溟隱公 諱 堭)의 종손이 세거하신다.
▲부여군 양화면 시음리(扶餘郡 良化面 時音里)
참판공 휘 원필(諱 元弼)의 장자(長子) 창수공 휘 윤(倉守公 諱 綸)의 차자(次子) 추계공 휘 경록(秋溪公 諱 慶祿)의 둘째, 셋째 아드님의 후손들이 임진왜란시 낙향하시어 세거하신다.
▲부여군 규암면 오수리(扶餘郡 窺岩面 午水里)
영은공 휘 흥상(永隱公 諱 興商)의 차자(次子) 참판공 휘 전(諱 傳)의 자(子) 장락원정공 휘 극현(掌樂院正公 諱 克賢)의 자(子) 승지공 휘 재신(諱 在莘)의 자(子) 참판공 휘 매(諱 枚)의 차자(次子) 중추공 휘 지선(中樞公 諱 智瑄)의 장자(長子) 대사헌공 휘 철노(諱 喆老)의 자(子) 사고당공 휘 삼성(師古堂公 諱 三星)의 후손이 세거하신다.
▲부여군 옥산면 봉산리(扶餘郡 玉山面 鳳山里)
충간공 휘 황(忠簡公 諱 璜)의 6대손 어모공 휘 석정(禦侮公 諱 碩汀)께서 연산군 폭정때 낙향하셨고 그 후손이 홍산면(鴻山面)에 이사하여 사셨다.
▲부여군 초촌면 산직리(扶餘郡 草村面 山直里)
폐비윤씨의 친정조카이신 첨정공 휘 지청(僉正公 諱 之淸)의 증손이신 호성공신 휘 의(扈聖功臣 諱 顗)公의 후손이 공주 요당리에서 이곳에 오시어 세거하신다.
▲공주시 탄천면 안영리, 화정리(公州市 灘川面 安永里, 花井里)
노종 5방파중 4방인 서윤공(庶尹公)의 후손들이 세거하신다.
▲공주시 장기면 하봉리(公州市 長岐面 下鳳里)
통례공 휘 사하(通禮公 諱 師夏)의 제3자(三子) 현감공 휘 여(諱 礪)께서 연산필화때에 낙향하셨고 그 후손들이 세거하신다.
※연산필화(燕山筆禍)…연산군이 폭군노릇을 할 때 연산군을 모욕하는 글을 한글로 써서 한양 곳곳에 붙인 자가 있어 그 범인을 잡으려고 4대문을 걸어 잠그고 한양사람을 모조리 잡아들여 필적을 조사하였으나 잡지 못하였고 나중에는 4대문밖에 사는 백성들도 글자를 아는 사람이면 모조리 잡아들여서

종사보감(宗史寶鑑)

흉악한 고문을 하여 수백명이 죽었는데 〈식자우환(識者憂患)〉이란 말은 이때 생긴 것이다.

▲공주시 의당면 요당리(公州市 儀堂面 蓼塘里)
폐비윤씨의 친정 세째 조카이신 첨정공 휘 지청(諱 之淸)의 증손이신 선조(宣祖)의 호성공신 휘 의(諱 顗)公께서 광해군이 폐모하는 것을 보시고 벼슬을 버리고 낙향하시어 그 후손이 세거하신다.

▲당진군 합덕읍·신평면·송악면·순성면
(唐津郡 合德邑·新平面·松岳面·順成面)
영상공의 장자 참의공 휘 간(諱 侃)의 차자(次子) 찰방공 휘 승장(諱 承章)의 차자(次子) 첨정공 휘 당(諱 鐺)께서 임진왜란시 낙향 하시어 당진군내에 산거(散居)하신다.

▲당진군 합덕읍 운산리(唐津郡 合德邑 雲山里)
참의공 휘 은(諱 垠)의 제9자(九子) 사과공 휘 사맹(司果公 諱 師孟)의 후손들이 세거하신다.

▲당진군 송악면(唐津郡 松岳面)
대제학공 휘 극신(諱 克新)의 차자(次子) 판서공 휘 돈(諱 暾)의 후손이 산거(散居)하신다.

▲논산시 부적면 부황리(論山市 夫赤面 夫皇里)
노종(魯宗) 5방파중 3방인 충헌공 휘 전(忠憲公 諱 烇)의 장자(長子) 용서공 휘 원거(龍西公 諱 元擧)의 차자(次子)이신 봉계공 휘 유(鳳溪公 諱 揄)의 후손들이 세거하신다.

▲당진군 고대면 진관리(唐津郡 高大面 眞館里)
영은공 휘 흥상(永隱公 諱 興商)의 차자(次子) 참판공 휘 부(號:九思齋 諱 傅)의 후손들이 세거하신다.

▲아산시 장존동(牙山市 長存洞)
파평군 휘 해(坡平君 諱 佼)의 자(子) 정후공 휘 호(靖厚公 諱 虎)의 불천위 사당을 모시고 그 후손이 세거하신다.

▲아산시 도고면 신유리(牙山市 道高面 新柳里)
영천부원군 휘 삼산(諱 三山)의 장자(長子) 부정공 휘 오(府正公 諱 塢)의 손자 판관공 휘 감(諱 城)의 손(孫) 교위공께서 임진왜란시 낙향하시어 그 후손들이 세거하신다.

▲아산시 영인면 성내리(牙山市 灵仁面 城內里)
화산군 휘 인직(諱 仁直)께서 신령(新寧)으로 사본을 받으신 분이고 공의 9대손 집의공 휘 자임(諱 自任)께서 임진왜란시 온양으로 낙향하셨고 公의 아들

이신 부위공 휘 괄(副尉公 諱 佸)께서 아산으로 이거 하시어 그 후손들이 세거하신다.

▲연기군 전의면 신정리(燕岐郡 全義面 新井里)
부사공 휘 사상(諱 師商)의 5대손 휘 해(諱 垓)公께서 이 곳으로 낙향하시어 그 후손들이 세거하신다.

▲서천군 마서면 옥산리(舒川郡 馬西面 玉山里)
영상공 휘 필상(諱 弼商)의 차자(次子) 승지공 휘 척(諱 俶)의 장자(長子) 승지공 휘 백령(諱 伯齡)의 차자(次子) 군수공 휘 하(諱 河)의 차자(次子) 집의공 휘 대임(諱 大任)께서 광해군 폭정때 벼슬을 버리시고 낙향하시어 그 후손들이 세거하신다.

▲보령시 주산면 증산리(保寧市 珠山面 甑山里)
병사공 휘 여해(兵使公 諱 汝諧)의 제3자(三子) 부사공 휘 건(府使公 諱 健)의 차자(次子) 승지공 휘 기상(諱 起祥)의 차자(次子) 통덕랑공 휘 황(諱 璜)께서 임진왜란시 화성군 남양에서 이곳으로 오시어 그 후손들이 세거하신다.

▲예산군 신양면 만사리(禮山郡 新陽面 晚沙里)
판서공 휘 잠(諱 岑)의 제4자(四子) 판서공 휘 지준(諱 之峻)의 제3자(三子)찰방공 휘 세걸(諱 世傑)께서 연산군 폭정시 벼슬을 버리고 이곳으로 낙향하시어 그 후손들이 세거하신다.

▲예산군 신양면 죽산리(禮山郡 新陽面 竹山里)
판서공 휘 잠(諱 岑)의 제3자(三子) 봉사공 휘 지윤(奉事公 諱 之崙)의 현손이신 도사공 휘 시남(都事公 諱 是男)께서 사화를 피해서 이곳으로 낙향하시어 그 후손들이 세거하신다.

▲예산군 광시면 가덕리(禮山郡 光時面 加德里)
태위공의 8대손 참의공 휘 승원(諱 承元)의 후손들이 세거하신다.

▲예산군 덕산면 시량리(禮山郡 德山面 柿梁里)
파성군 휘 찬(諱 贊)의 제5자(五子) 참봉공 휘 질(諱 坓)의 5대손 휘 방형(諱 邦衡)公께서 청주에서 이곳으로 오시어 그 후손들이 세거하신다.
여기서 윤문(尹門)을 빛내신 매헌 윤봉길 의사가 태어나셨다.

▲서산시 음암면 탑곡리(瑞山市 音岩面 塔谷里)
참판공 휘 원필(諱 元弼)의 제3자(三子) 천안공 휘 회(天安公 諱 繪)의 증손이신 관야공 휘 상민(觀野公 諱 商民)께서 광주(廣州)로 낙향하셨고, 공의 현손이신 통덕랑공 휘 동진(諱 東晉)께서 해미(海尾)로 이사하시어 그 후손이 세거하신다. 통덕랑공의 아우 동규(東圭)氏는 문숙공 묘소를 찾는데 공이 많으신 분이다.

종사보감(宗史實鑑)

▲천안시 동면 화계리(天安市 東面 花溪里)
감사공 휘 임(諱 臨)의 제5자(五子) 봉사공 휘 지득(諱 之得)의 현손 한성공 휘 대명(諱 大命)께서 부친 취부공 휘 결(醉夫公 諱 潔)이 간신들의 모함으로 장살(杖殺)된 후 목천(木川)으로 낙향하시어 그 후손들이 세거하신다.

▲천안시 풍세면 구룡리(天安市 豊歲面 九龍里)
판서공 휘 잠(諱 岑)의 제5자(五子) 숭지공 휘 지종(諱 之宗)의 차자(次子) 참판공 휘 정림(諱 廷霖)의 증손이신 통덕랑공 휘 종립(諱 宗立)께서 이 곳으로 낙향하시어 그 후손들이 세거하신다.

▲청양군 운곡면 모곡리(靑陽郡 雲谷面 茅谷里)
영상공의 장자(長子) 참의공 휘 간(諱 侃)의 증손 6형제중 다섯째이신 어모공 휘 공노(諱 公老)께서 임진왜란시 피난하시었고 윤출암(尹出岩)의 그 후손들이 세거하신다.

▲홍성군 장곡면 상송리(洪城郡 長谷面 上松里)
태위공 휘 안비(諱 安庇)의 6대손 사직공 휘 철견(諱 哲堅)의 후손들이 세거하신다.

▲연기군 서면 봉암리(燕岐郡 西面 鳳岩里)
태위공 휘 안비(太尉公 諱 安庇)의 후손들이 거문중을 이루고 세거하신다.

(6) 충청북도

▲청원군 북이면 내추리(淸原郡 北二面 內楸里)
공간공 휘 형(諱 炯)의 장자(長子) 파성군 휘 찬(諱 贊)의 제5자(五子) 참봉공 휘 질(諱 垤)의 장자(長子) 사과공 휘 사화(司果公 諱 思和)께서 임진왜란 때 청주(淸州)로 낙향하셨고 이 문중에서 호남사(湖南祠)에 공간공의 불천위 사당을 모셨고 문숙공의 영정도 모셨다.

▲청원군 미원면 옥화리(淸原郡 米院面 玉華里)
집의공 휘 사석(諱 師晳)의 차자(次子) 현감공 휘 전(諱 磧)께서 연산군 폭정 때 부친을 모시고 청주로 낙향 하시어 그 후손들이 세거하신다.

▲청원군 옥산면 장동리(淸原郡 玉山面 墻東里)
참판공 휘 척(諱 倜)의 제3자(三子) 부정공 휘 광령(副正公 諱 光齡)의 셋째 손자이신 참봉공 휘 계임(諱 季任)께서 광해군의 폐모론시에 벼슬을 버리고 이곳으로 오시어 그 후손들이 세거하신다.

▲보은군 수한면 성리(報恩郡 水汗面 星里)
윤봉길 의사의 9대조 7형제중 윤의사는 다섯째 집이시고 이곳은 일곱째이신 진사공 휘 국형(諱 國衡)의 후손이 세거하신다.

참고문헌(參考文獻)

『삼국사기』(三國史記)
『삼국유사』(三國遺事)
『고려사』(高麗史)
『고려사절요』(高麗史節要)
『조선왕조실록』(朝鮮王朝實錄)
『고려공신전』(高麗功臣傳)
『국조인물고』(國朝人物考)
『국조방목』(國朝榜目)
『동국여지승람』(東國輿地勝覽)
『고려명신록』(高麗名臣錄)
『독립운동사』(獨立運動史)
『각성씨세보』(各姓氏世譜)
『성씨의고향』(姓氏의故鄕)
『한민족대성보』(韓民族大姓譜)
『한국문화유적총람』(韓國文化遺跡總攬)
『대동방씨족원류사』(大東方氏族源流史)
『한국의전통예절』(韓國의傳統禮)
『한국성씨총감』(韓國姓氏總鑑)
『한국인명대사전』(韓國人名大辭典)
『성씨대보총람』(姓氏大譜總覽)

파평윤씨(坡平尹氏) 이야기 上

2015 年 1 月 15 日 인쇄
2014 年 9 月 25 日 발행
편   저 : 성씨이야기편찬실
발   행 : 올린피플스토리

출판등록 : 제 25100 - 2007 - 000017 호
주   소 : 서울특별시 강동구 구천면로 18길 23호
홈페이지 : http://www.ollinpeople.co.kr
전   화 : 070) 4110 - 5959
팩   스 : 02) 476 - 8739
세 트 가 : ₩ 39,600 (단권 ₩ 19,800)

I S B N : 979-11-5755-152-1
I S B N : 979-11-5755-151-4 (세트)

* 파손된 책은 바꾸어 드립니다.